我们一起解决问题

普华心理学应用丛书

面试心理学

THE PSYCHOLOGY OF JOB INTERVIEWS

[加] 尼古拉斯 · 鲁林（Nicolas Roulin） 著
龙红明 译

人 民 邮 电 出 版 社
北 京

图书在版编目（CIP）数据

面试心理学 / (加) 尼古拉斯•鲁林
(Nicolas Roulin) 著 ; 龙红明译. -- 北京 : 人民邮电
出版社, 2019.1(2023.10重印)
（普华心理学应用丛书）
ISBN 978-7-115-50127-1

Ⅰ. ①面… Ⅱ. ①尼… ②龙… Ⅲ. ①职业－应用心
理学－通俗读物 Ⅳ. ①C913.2-49

中国版本图书馆CIP数据核字(2018)第260583号

内 容 提 要

《面试心理学》一书是面试心理学领域诸多实证案例研究的总结，作者通过生动形象地描述两位主人公的求职案例，深入浅出地分析了面试官和求职者应注意的各个方面，如面试准备、有效面试的方法、面试官和求职者的角色等，并揭示了使面试官对求职者做出积极评价的有效方法，也为面试官说服优秀的候选者加入组织提供了解决方案，探讨了录用决策的重要性，介绍了不同国家的文化和法律差异对面试的影响。本书旨在指导求职者做好面试准备，在面试中脱颖而出，并帮助用人机构的管理者做出最佳决策。

本书不仅是企业管理者、人力资源管理人员提升面试水平以及选拔优秀候选者的工具书，而且是求职者有效提升面试水平，在众多竞争者中赢得心仪工作机会的指导手册。

◆ 著 [加] 尼古拉斯•鲁林（Nicolas Roulin）
译 龙红明
责任编辑 曹延延
责任印制 焦志炜

◆ 人民邮电出版社出版发行 北京市丰台区成寿寺路 11 号
邮编 100164 电子邮件 315@ptpress.com.cn
网址 http://www.ptpress.com.cn
固安县铭成印刷有限公司印刷

◆ 开本：700×1000 1/16
印张：12 2019 年 1 月第 1 版
字数：200 千字 2023 年 10 月河北第 13 次印刷

著作权合同登记号图字：01-2018-7991 号

定价：49.00 元

读者服务热线：(010)81055656 印装质量热线：(010)81055316
反盗版热线：(010)81055315
广告经营许可证：京东市监广登字20170147号

译者序

面试是与每个人都息息相关的主题。本书的作者认为，面试是两个或多个个体之间的社会互动，人们通过互动来互相传递关于自身品质的信息。换句话说，狭义的面试指求职者与面试官之间的面谈、相互观察、相互沟通的过程，而广义的面试不仅包含求职面试，还泛指我们在日常生活和工作中与朋友、客户的每一次面谈和交流过程。因此，无论是站在专业的角度还是人际交往与互动的角度，掌握一些面试心理学知识，对所有人都是有益的。

本书是面试心理学领域诸多实证案例研究总结，是世界范围内诸多心理学家共同的智慧结晶。作者从面试的概念和意义入手，深入浅出地对面试准备、有效面试的方法、面试官和求职者的角色、录用决策的重要性和面试歧视等重要概念进行了介绍和分析，并对未来面试心理学的发展趋势进行了预判。作者在本书中通过生动形象地描述瑞秋和马克两位主人公的求职案例，为读者朋友提供了以下建议。

如果你是求职者，要注意做好面试准备工作，通过参加面试技巧培训或者收集更多信息等方式克服面试焦虑；在面试过程中，可以采取印象管理策略，但是一定要诚实；除了必备的岗位技能、知识和能力素质，你还需要有意识地培养自己的选拔标准识别能力，这种能力不仅能够帮助你提高面试质量，而且有助于提高你的能力水平，使你更好地达成工作绩效。

如果你是面试官，最好采取小组面试、标准化面试的形式，以便从公平的角度比较求职者的工作拟合度和岗位拟合度，从而提高录用决策的有效性和公平性。哪怕你是经验丰富的面试官，也不要对自己识别最优人选的面试能力过分自信，因为即使对于最专业的面试官来说，准确识别出欺骗性的印象管理策略的概率也只有 50%。同时，面

试官要时刻提醒自己，自己就是组织形象的代表，同样需要采取印象管理策略以便为求职者留下良好的印象；要避免面试歧视对录用决策产生影响，要关注跨文化差异和跨文化求职者的不同，有针对性地选择合适的面试问题和面试方法。从标准化面试的角度来说，行为面试和情境面试都是比较好的选择。

本人从事人力资源管理工作多年，有过多年的面试官和求职面试经历，自认为是比较专业的面试官，在这一领域有着较为前瞻性的预判力。但是在翻译本书的过程中，作者提供的诸多案例和建议都深深地触动着我，提醒我要时刻警惕自己的主观意识倾向，秉持着对组织、对个人、对自己负责的态度，站在更客观的立场重新审视面试。或许，通读完本书，站在求职者角度，你将像我一样自问："我真的具备这个岗位所需的知识、技能和经验吗？我的成长空间在哪里？我真的需要通过夸大自己的成就去获得一份并不合适自己的工作吗？"站在面试官的角度，你或许可以自问："我的同事们会喜欢和我眼前的这位求职者一起工作吗？扪心自问，我有没有无意识地歧视过某些人呢？在公平公正方面，我真正尽力了吗？在做出最优决策时，我真正尽力了吗？我是否满足于次优决策而不自知呢？”从日常生活和工作出发，或许你可以自问：“我是否有意识地使用了诚实的印象管理策略，以提高我的社交影响力呢？我是否对某些朋友和客户的看法存在偏见，是否先入为主，陷入了‘光环效应’‘尖角效应’或‘对比效应’的怪圈而不自知呢？我是否确实做到了客观、真诚、拥抱多样化呢？”

通读完本书，相信你一定会有自己独特的体会和感受。如果能将本书的理论和方法应用于生活和工作的实践过程，相信在面试工作中，你将更加客观、公正和专业；在生活中，你将更加宜人、更具社交魅力、更有吸引力。

由于译者水平有限，不足之处在所难免，恳请批评指正！

龙红明

前言

大多数人都有过面试经历，有些人甚至作为工作人员主持过面试工作。那么面试的特点是什么呢？如何才能克服面试过程中的偏见，确保面试工作公平有效呢？

《面试心理学》是一本对人们所了解的面试心理学知识做出总结的书籍。本书讨论了求职者和面试官可能采用的成功策略，比如如何给面试官留下良好的第一印象，如何确定岗位的最佳人选等。作者在本书中分析了人们对面试的一些误解和偏见，并基于大量第一手真实案例对相关知识点进行了解释，希望指导求职者做好面试准备，在面试中脱颖而出，同时为管理者做出最佳录用决策提供了有效建议。

无论你是面试官还是求职者，如果你想深入了解面试过程中的所有细节与技巧，那么本书将是你的不二之选。

本书概要

我们将在第二章介绍面试的准备工作，在第三章介绍面试的实施流程。我们将从面试的可靠性、结构效度以及预测效度等方面进一步对面试的流程和面试的问题进行解说。在这两个章节中，我们还将描述求职者对组织决策的反应，并提供一些建议以帮助组织减少落选者的负面反应。在第四章，我们将介绍求职者该如何影响面试官的评价以及印象管理策略，并为面试官说服优秀的候选者加入组织提供解决方案。在第五章，我们将讨论录用决策，重点介绍面试官可能存在的偏见和可能会犯的错误，以及该如何避免它们，或如何减轻这种偏见带来的影响。最后，我们将探讨面试的趋势，尤其是新技术对面试的潜在影响（第六章）。在本书中，我们还将介绍不同地区、国家的文化和法律的差异，以及这些差异将如何影响面试。本书大部分关于面试的实证研究都源自北美和西欧地区，当然也包含世界其他地区的一些面试实践案例。

目 录

contents

第六章 面试的现状与发展趋势 / 159

第一章

面试的概念和意义

面试的意义

马克（Mark）和瑞秋（Rachel）刚从一所大学毕业，他们获得了机械工程学位。他们正准备进入人才市场，去为自己谋得一份理想的工作。

他们关注了一些声誉良好的公司，并且这些公司都在招聘与他们的学历相符的工程师。但这是他们第一次求职。作为应届毕业生，他们可能要经历的招聘流程如下。

首先，填写应聘申请表（这类表格往往可以从网上下载），提供个人的相关信息，等待意向公司的进一步通知。其次，他们可能需要向用人单位提供简历、求职信、学历证明等资料，有的公司甚至要求求职者提供推荐信或推荐人名单。用人单位初选阶段的目标有两个：一是找到符合最低任职标准的求职者，再投入更多精力和资源筛选评估他们是否具备求职者资格；二是若申请同一个职位的人数远远超过岗位数量，在这种情况下，组织不可能深入评估所有求职者的简历。此时，招聘专员必须根据有限的信息迅速做出筛选决定，以便淘汰不合适的求职者，把资源和关注重点放在少数有潜力的人身上。

如果马克和瑞秋顺利通过第一轮筛选，在某些情况下，他们可能需要参加进一步的测试（比如人格测验等），目的是了解他们是否具备组织需要的能力或人格特质，这些特质包括：认知能力、个性特征、工作方式偏好、品格是否正直、价值观是否符合组织文化等。虽然笔试和测验是招聘工作中的一环，但是通常来说，了解求职者类似特质的主要手段还是面试。来自权威机构的调研表明，全世界所有的公司都一样，在筛选求职者时，面试工作是其招聘工作中的必要环节。也就是说，不经过面试，马克和瑞秋不太可能得到工作机会。

后面我们将详细介绍面试的多种形式。通过面试，组织或多或少都能得到求职者的有效信息，以便确定某个岗位的最佳人选。面试也是展现组织形象的重要环节，通过面试，组织可能会给求职者留下消极或积极的印象。综上所述，对于组织而言，面试是求职者跨入组织必经的一扇门，而求职者只有通过它，才能获得进入组织的通行证。面试官就好比组织的“看门人”，他们的职责是验证求职者信息的真

实性、求职者对组织的价值。如果把组织比作一个高端的俱乐部，那么面试官就好比俱乐部的保镖，他可以判断求职者是否符合俱乐部对客户形象的要求，从而决定是否让求职者成为俱乐部的客户或者会员。可以说，面试官的角色非常重要。尽管如此，现有组织中大多数面试官是不够专业的，大多数求职者也不具备专业的面试知识和技巧，因此，无论是面试官还是求职者，在进入面试室前，心情往往都是复杂的。他们知道这次面试对团队、部门或组织的重要性，他们希望自己能表现得更加专业，给对方留下深刻而良好的印象，并能够做出最好的选择和决定。而与此同时，他们往往又感到焦虑、担心犯错，不确定面试过程中会发生什么。

如果你对目前的就业市场现状感兴趣；如果你是专业的 HR；如果你希望掌握一些人力资源管理方面的知识，甚至如果你是某个组织或公司中的招聘专员、面试官，正在经历面试的困扰；如果你正在到处求职，希望找到心仪的公司；如果你是心理学、管理学相关专业的学生，总之，如果你对各种各样的面试感兴趣，那么本书有望给你提供一些借鉴和帮助。现在，市面上关于面试的书籍多如牛毛，大多数这类书籍都是通过介绍如何做、预测某些面试问题的答案，以便帮助求职者“破解”某个面试系统来获得读者的认可的，而本书的不同之处在于，它能够帮助面试官或求职者更好地理解面试过程中可能发生的情况，以便帮助他们做好面试准备。本书不会介绍一些诸如“最佳面试技巧”之类的工具或方法，相反，本书是来自世界各地的心理学、管理学学者几十年来在面试心理学领域的研究成果和实证案例的智慧结晶。

本书将介绍一些关于面试心理学的科学事实。有些事实对于读者朋友来说可能是直观的，而有一些则可能与当下流行的信念或你个人的经历相矛盾。无论书中的某些事实是否与你的常识一致，我们都希望这些事实能够激励你从不同的视角重新思考面试过程。我在书中会偶尔提到一些专业性的概念，但是我已经尽量避免使用一些深奥难懂的科学术语和复杂的统计分析方法。如果有部分读者对这些复杂、深奥的科学知识和技术感兴趣，本书也为你提供了一些关键学术文章作为参考资料。本书将以马克和瑞秋面试不同职位的经历为主线，通过列举大量的案例来描述事实，介绍面试时可能发生的情况，采访相关人员获得第一手资料（人物是虚构的，但是大部分案例是真实的），以便帮助求职者和面试官做好面试准备、做出最佳选择。

关于合适的人

有人说，面试好比一场审判，面试官是“警察”，求职者是“嫌疑犯”。此时，面试官还要扮演调研员的角色，他们通过调研求职者过去工作和学习经历的相关信息，来判断求职者所提供信息的真实性。在这里，我既不评判面试官的警察角色，也不鼓励求职者说谎或者隐瞒某些重要的信息（在实际面试过程中，这种情况是存在的，关于这一点，我们将在本书第四部分详细论述）。我要强调的是，我并不认同这种对面试和面试双方角色的看法。从本质上来说，大多数情况下，面试是两个或多个个体之间进行的一种社会互动，在此过程中人们通过互动来互换关于自身品质的信息。

对于求职者来说，面试是一个展示知识、技能、能力、过去的经验及成就的平台，最理想的结果是个人的这些品质和成就刚好与招聘岗位的要求相匹配。对于面试官来说，面试是展示组织价值观、使命、目标，以及所在团队或部门的特点、岗位特点的平台。在这个平台上，双方都要发出信号、接收信号，并对对方发出的信号做出反馈。求职者会进一步评估求职岗位的信息，以便判断这个岗位是否符合他个人的期望，是否与他了解到的情况一致，是否能够实现自己的理想和抱负；他还会对组织中团队的信息进行评估，以便判断他是否喜欢在这样的环境中工作。与此同时，面试官会评估求职者的素质是否符合公司的要求。

求职者接收到的信息以及他们对信息的解读，将决定他们是否愿意接受这份工作；而面试官的目标则是决定谁将成为公司最需要的求职者。通常，面试官主要通过两个“合适”的主观指标来对求职者进行判断：一是求职者个人与工作的拟合度（P-J 拟合度），包括评估求职者是否具备任职资格所需要的条件（比如教育背景、技能、经验等），是否能够有效地胜任未来的工作；二是评估个人和组织的拟合度（P-O 拟合度），包括评估求职者的个性、价值观和兴趣是否与团队或组织的价值观和文化相符，也就是说他们将来是否有发展潜力、是否能够保持忠诚等。

现在我们再来谈谈马克和瑞秋，这两个年轻的求职者。在面试过程中，面试官会向他们提出一系列问题。比较理想的情况是，这些问题将为他们提供展示个人品质和素养的机会。马克和瑞秋拥有工程学位，有着相似的技能和知识优势，但是他们是完全不同的个体。马克是一个非常喜欢科学并且勤奋的人，他在与人相处时表现得比较内向；瑞秋则要外向得多，但是她在工作中容易急于下结论。瑞秋是天生的领导者和优秀的沟通者，而马克则是问题解决者，拥有非常强的创造力。面试官会利用面试中收集到的这些信息来评估马克和瑞秋的品质是否符合他们申请的特定岗位的要求（比如P-J拟合度是否良好），他们将来是否能够适应组织的工作环境，他们的价值观和目标是否与组织的目标一致（比如P-O拟合度是否良好）。只有当他们较符合这两个指标时，他们才有可能获得入职资格。

在面试过程中面试官对于P-J拟合度和P-O拟合度的判断带有主观色彩，因此面试官可能受到偏见和错误决策的影响。在下一章我们将讨论组织和求职者如何减少面试过程中的主观想法和偏见。值得注意的是，面试并不能保证你做出的招聘决定都是最好的、正确的，通过面试来预测员工的未来工作状况，只具有一定程度的准确性。

求职者未来绩效预测

所有招聘方法的目的之一都是尽可能精确地预测求职者与组织期望的拟合度，以及求职者与岗位的拟合度。遗憾的是，面试官没有魔法，他们无法通过盯着求职者的眼睛便神奇地推断出他们的未来，而且面试过程中的猜测以及基于直觉的决策都是危险的。相关研究证明，基于直觉做出录用决策，其结果往往是最不理想的，即使是经验丰富的面试官也无法通过直觉对求职者做出准确判断。幸运的是，预测技术可以弥补直觉的不足，减少招聘预测过程中的不确定性，尽可能帮助面试官做出明智的决定。

假设上周马克和瑞秋都申请了 TopTech 公司工程师的职位。今天，他们都将接受该公司的人力资源经理索尼娅（Sonia）主持的面试。

为了理解索尼娅的预测方法，我们以马克为例来进行介绍。索尼娅并不认识马克，他们从来没有见过面，这就意味着当马克申请这份工作的时候，索尼娅对马克的过往一无所知，也无从判断他是否适合这份工作，无法预测他将来是否会有良好的工作表现。如果索尼娅现在就必须决定是否要雇用马克，那么此时的录用决策就是纯粹的机会主义（比如通过投掷硬币做出决策），我们将这种情况下的录用决策预测等级设定为“0”；再假定索尼娅已经雇用了马克，站在五年后的立场回溯评估今天的录用决策，此时的索尼娅已经知道马克在未来五年会如何表现，我们将这种情况下的决策称作“完全信息决策”（指不存在不确定性的情况），其录用决策预测等级设为“100”。于是，可以想见，索尼娅在招聘过程中收集到的每一条有关马克的信息都将帮助她在 0 ～ 100 的等级范围内对马克未来的工作和行为表现做出更好的预测。通过查阅马克的简历，索尼娅对是否可以录用马克这一决策的预测值可能会高于 0；通过评估马克在面试过程中的表现，索尼娅的录用决策预测值可能会进一步提高。

在人才选拔的研究过程中，这样的预测量表被称作“预测效度”。

学者们已经积累了许多关于预测有效性的方法，其中有些方法的预测效度相对较差。比如，图形学（包括笔迹预测性格等方法）的评估取值范围在 2 ～ 100；受教育的年限这一指标的预测效度仅为 10/100。甚至还有一些其他方法的预测效度仅达到平均值，比如有关个人性格的一致性预测，效度一般为 30/100。认知能力测试（智商测试）、工作样本测试（一种精确模拟工作任务的简单测试，比如秘书打字测试）等是比较好的预测方法，但其预测效度值通常也只在 50/100 ～ 60/100。而从实践样本来看，50/100 ～ 60/100 的效度值已经算是最好的预测效度值了。

也就是说，即使是最好的预测方法也离完美的 100 分还有相当远的距离。原因在于所有这些方法都只评估了求职者的个人特征，虽然这些特征对个人未来的工作绩效有重要的影响，但是绩效还取决于许多不可预见的外部因素。这些因素包括：共事的同事、直属上级、组织的规则和流程、组织激励系统、组织的经营环境等。因此，找到预测效度为 100 的方法是不可能的。一句话，我们不可能完美地预测求职者未来的表现和成就，至少仅凭现在的工具还做不到这一点。这一结论包含组织和管理者必须理解的两个重要含义：（1）不幸的是，即使是预测效度最好的方法，也会导致面试官做出错误的录用决策；（2）从长远来看，使用预测效度更高的方法，做出的录用决策的积极影响要大得多，相反，错误决策的积极影响要小得多。换句话说，虽然组织在招聘过程中不可避免地会犯错，但是使用预测效度更高的方法将更有可能帮助组织做出更多（更高比例）的最佳录用决策。

影响录用决策的因素

面试的组织方法和形式多种多样，所以我们很难得出精确的预测效度分数。标准化测试通常是按照严格的流程、标准设计并进行管理的，与之不同的是，面试过程中，针对不同的面试者，面试官可能会提出不同的面试问题，面试时长也会有所不同，求职者给出的答案也会不尽相同。因此，面试过程的随意性可能导致求职者表现很差（低至15/100）或表现非常好（高至60/100）。可以说，一场设计拙劣、管理不善的面试，可能无法激发求职者的表现潜力，而经精心设计的面试才是评估求职者的最好手段。

在接下来的两章中，我们将探讨经过精心设计、管理良好的面试的特点。但是我们需要理解的是，为什么这些被精心设计过的面试比其他面试更有效？因为，被精心设计过的面试有更高的结构效度和更强的可靠性。我们将描述这两个概念及其重要性，并以索尼娅为例对其进行阐述。

面试的结构效度是指通过向求职者提问来评估其与工作相关的特征是否恰当。换句话说，面试官的提问技术非常重要。为了确保较高的结构效度，面试官在设计面试问题时必须遵循一系列步骤。首先，他们要了解招聘岗位的特点，确定该岗位所需的知识、技能、职业资格及胜任能力。对于直线经理来说，这一步还算容易，他们是执行具体相关工作方面的专家。但是对于人力资源专家来说，这一步反而比较难，因为他们每天要为不同部门招聘到与岗位相匹配的人员面试为数众多的求职者。他们对这些岗位的理解不如一线经理专业，对这些求职者，他们甚至一个都不熟悉。其次，他们要将这些岗位的要求转化为面试问题，确保面试者的与岗位有关的每一个关键资格指标都能够通过提出一个或几个问题得到正确的评价。对于一线经理来说，这一步就显得复杂了，他们往往没有接受过类似专业的训练，不能确定用什么方法才能提出最好的问题。这就是我们建议一线经理和人力资源专家要协同工作的原因。通过协同，他们可以一起确定岗位需求，并将这些需求转化为面试问题。

那么，在实践中该如何操作呢？现在，索尼娅是人力资源经理，她需要面试马克、瑞秋以及其他求职者，以确定谁能够获得 TopTech 公司的初级机械工程师职位。索尼娅本人并不是工程师，因此，她无法确定这个岗位所需的技能和能力。于是，她和工程部门的经理丹尼尔（Danielle）取得了联系，并和他一起探讨这个岗位的关键职能以及胜任这个岗位需要的素质有哪些。最终，他们确定理想的求职者应该具备专业技术，有物理和数学专业背景，有优秀的沟通能力，能够批判性地思考、分析复杂的信息，并解决困难的问题。接着，他们一起将这些需求转化为面试问题。比如，通过问：“你如何向陌生人解释复杂的概念或技术特点？”来考察求职者的沟通能力，通过问：“这个概念或技术的复杂性体现在哪些方面，你是如何处理的？”来进一步探询求职者在技术、概念等知识方面的掌握程度。此外，他们还必须设计一个跨学科领域的问题来评估求职者是否具备岗位所需的关键素质。

面试的可靠性指的是多名面试官对同一名求职者的综合评价水平的一致性。这意味着两名面试官在对同一名求职者进行相同的面试时，应该对求职者是否适合该职位得出一致的结论。否则，就说明面试的设计或面试的流程可能存在问题。我们以烘焙为例来对可靠性进行形象的表述。假如你正在和朋友一起烘烤美味的松饼，完成这项艰巨的任务所需的关键技能之一是称量秤，以确定面粉和糖的使用量。现在，你把一个碗放在秤上，开始加面和糖，直到刻度显示称重为 0.2 千克。接着，你把碗递给你的朋友，让他用同样的方法和同样的比例再试一次，但是这次刻度显示的称重则为 0.275 千克。假定你忽略了这个问题，继续进行接下来的流程和工作，那么我们可以确定，你烘焙出来的松饼一定不如你想象中的那么美味。当然，发现刻度不一致时，你也可以及时确认工具是否存在问题，并且改进工具后再继续烘焙。

同样的情况也适用于面试。索尼娅和丹尼尔刚刚对马克和瑞秋进行了各一个小时的面试，他们向每位求职者提了10个问题，每个问题10分，总分100分。面试结束后，他们来到办公室一起交流面试意见。丹尼尔说："马克给我留下了深刻的印象，到目前为止，他可能是我面试过的最合适的求职者。"

可是索尼娅一脸惊讶地回应道："什么？我认为他还可以，但是并不是最好的。我觉得瑞秋更合适，我给马克的分数是60分，给瑞秋的分数是75分。你的打分呢？"

丹尼尔说："我给马克的分数是85分，给瑞秋的分数是65分。我甚至愿意立即把马克招募到团队。参照咱们的岗位标准，我在大多数素质要求的项上都给他打了最高分。他在其他几个方面也不差，而且有些问题他本来可以回答得更好。小伙子看起来也长相英俊，形象不错，我甚至可以想象几年以后他将成为我的得力员工。"

索尼娅并不同意丹尼尔的看法。她说："也许马克确实不错，但是他对一些重要问题的回答是很糟糕的。比如，解决问题的能力和工作动机这两项，瑞秋对这些问题回答得更好。”

丹尼尔反驳道：“我不同意你的看法，在工作动机这项上，我给了马克 9 分，我认为他对自己可能即将从事的工作非常了解。”

索尼娅说：“是的，他非常清楚岗位要求，但是这并不是问题的关键，问题的关键是他加入公司的动机，在愿意留在这里的动机的这项上，我只给了马克 6 分，我认为瑞秋的动机更有说服力。”

在这个案例里，索尼娅和丹尼尔的评价明显缺乏一致性。他们对马克和瑞秋的看法明显不同，无论是从个别指标来看还是从总体打分来看，他们给出的结论都不一致。他们的面试显然缺乏可信度。导致出现这种情况的原因很多，最重要的是，他们的评分系统的设计可能不够标准化，尽管他们设计了评分指标和评分标准，但是他们没有进一步对评分标准做精确定义。因此，索尼娅和丹尼尔采取了完全不同的方式来解读马克的反应。比如，丹尼尔给马克的动机打了 9 分，而索尼娅只给马克的动机打了 6 分。另外，两位面试官对某些问题的评估有不同的看法，促成这种情况的可能原因之一是问题的结构效度不够。最后，丹尼尔的判断还可能受到与工作无关的因素的影响，比如马克的长相。

综上所述，高质量的面试必须具备高结构效度、高度可靠性、高预测效度。高质量面试的优点在于能够以可靠、有效的方式对所有求职者进行评估，提高找到最优秀求职者的概率，尽量减少偏见或判断错误。面试过程中的偏见和判断错误甚至可能给组织带来不必要的风险和麻烦。比如，如果求职者被拒绝（由于种族偏见、性别偏见等），他们可能因此起诉公司的决定是非法的、不公平的。

第二章

高质量面试的特点及面试准备

一场拙劣的面试

大卫（David）是未来科技公司（Future Technology）研发部的部门经理。最近，公司总部给他分配了扩编预算，以新添一名初级机械工程师。在报纸和网上发布招聘广告后，大卫收到了许多求职者的申请表。他筛选了所有的简历，最终确定通知四个人参与面试。今天早上，坐在办公桌前，大卫看了看当天的日程安排。他 9：30 要与瑞秋见面，11:00 要与马克见面，另外两个人约在下午面试。大卫的专业背景是土木工程，在此之前，他并没有接受过任何有关面试的专业培训（甚至没有接受过其他人力资源类的培训）。但是，自从晋升为部门经理后，他已经面试过十几位求职者。他采取的面试方法非常直接。在几年前，他买过一本关于面试技巧的书籍，他从中间挑出十几个面试问题，每次面试时，又从这十几个问题中随机挑出几个来面试。同时，他也会就求职者简历中提到的信息进行提问，如果在这个过程中，他对求职者讲的故事感兴趣，他会就此追问下去以获得更多信息。

到了9:30，大卫准时开始面试。寒暄几句之后，他提出了一个他常问的问题："瑞秋，你的优点是什么？"瑞秋马上回复说："我是一个很好的团队合作者。在工科院校，我常常参与各种各样的团队项目，我很享受和别人合作的过程。同时，我也尽可能有意识地培养自己的领导能力，发挥自己的影响力，比如给我的队友分配任务，或者给他们发送工作提醒等。我打排球已经5年了，这个爱好或许也可以说明我喜欢团队合作，并善于团队合作。"

大卫此时已经被打动了。他继续问到他的第二个问题："那么，你的主要缺点是什么？"

瑞秋对这个问题一点都不感到惊讶，而且看起来她回答得轻松自如、胸有成竹。她回答道："有时候我可能做得太完美了，我的意思是，为了避免犯错，我在工作中总是爱追求完美。对于工作，我常常显得过分认真。"

大卫很满意瑞秋的回答。他拿起瑞秋的简历，看了看，然后问道："你去年暑假在西部物流公司（West Logistics）做实习生，我和这家公司的运营总监玛格丽特·史密斯（Margaret Smith）曾经是同学，我很了解她。你在那里工作感觉怎样？”

瑞秋回复说：“哦，麦琪（玛格丽特的昵称）啊！她是一位很好相处的人，也是一位优秀的导师，我非常喜欢和她一起工作。这次实习是一次令人难忘的经历，多亏了她，我学到了很多关于流程优化和供应商管理等方面的知识。”

大卫听完后很开心并讲道：“是的，对于年轻的工程师来说，她是一位优秀的导师。我相信你在这里也会学到很多有价值的东西。”这场面试持续了大概 40 分钟，大卫询问了关于瑞秋在西部物流公司实习的经历，她接受过的培训，以及她为什么选择来未来科技公司应聘等问题，最后他们还一起广泛地讨论了来这里工作后可能需要做什么。

几分钟后，轮到马克面试了。一段相似的寒暄之后，大卫问了他第一个问题：“马克，你的弱点是什么？”

马克似乎对这个问题没有做什么准备，他看起来有点犹豫，并支支吾吾地回答道：“我的主要弱点，这真是比较难回答。过去，我不太擅长处理冲突。比如，当有人不同意我的想法时，我很容易就会放弃，而不是努力去为我的观点辩护。但是，最近我已经注意到了自己的这一弱点，我正在努力想要克服。现在已经好多了。”

大卫看起来没有被马克说服。他提出了第二个问题：“你五年后会在哪里工作？”

马克想了一会儿，然后回答说：“我希望仍然为未来科技公司工作，那时或许我已经能够负责运营一个重要的项目了。我的意思是，如果在这 5 年里，我通过努力证明自己有一定能力，我想我可能会被赋予更多责任，可能会升职，可能有能力领导一个工程师团队来完成重要的项目。”

通过马克的这一回答，大卫看到了他的雄心。但是他对马克的这一回答显得有点不耐烦。他拿起马克的简历问道：“你在大学期间参加了机器人比赛。我从来没有真正理解过这些东西，你为什么喜欢这些活动？”

马克对这次经历感到非常自豪，他试图解释道：“我从小就对科技感兴趣。这次比赛是一个机会，我可以从零开始跟其他工程师一起制造一个机器人，并且有机会参加全国性的比赛，以证明我们制造的机器人是优质的。这种比赛为我提供了将课堂上学到的知识和实践相结合的好机会，我确实很喜欢这种活动。”

虽然大卫了解机器人比赛的实际好处，但是他并没有完全被马克说服。面试持续了大约 30 分钟，面试中双方探讨得较多的是关于马克的经历和选择的问题，而大卫则对一般工作信息进行了简单介绍。

为什么面试无效

你可能会对这类面试场景觉得很熟悉，你也许甚至作为面试官或求职者经历过类似的面试。那么这次面试的问题出在哪里呢？

首先，面试官没有向两名求职者提出同样的问题。比如，瑞秋被问到优点和缺点，而马克被问到缺点和未来愿景。因此，大卫通过此次面试得到的信息不可能被进行直接比较。大卫知道瑞秋的长处，但是并不知道马克的长处；大卫知道马克的未来愿景，但并不知道瑞秋的未来愿景。瑞秋的未来愿景可能比马克的更好，也可能更糟糕，因此，大卫对这一问题的比较来自他自己的猜测。同样，面试官可以基于简历收集求职者过去经历的信息，但是通过大卫的提问得到的信息也完全无法被进行比较。此外，提问的不同顺序也可能影响求职者的答案，尤其是当某些问题比其他问题更难回答的时候。比如，“弱点”问题可能会让求职者感到痛苦，而且面试官在开始面试时就提出这个问题会让求职者对面试官产生不太好的印象，也会影响求职者在后续面试过程中的正常发挥。在这场面试中，瑞秋会比马克面试得相对顺畅一些，因为瑞秋首先被问到了自己有哪些优点。总体来说，此次面试，大卫很难根据他所获得的信息有效地评估瑞秋和马克谁更适合这份工作。

其次，大卫的许多提问与工作要求并不相关。比较理想的情况是，通过面试，面试官能够收集到求职者的任职资格信息，这些信息是胜任岗位所必需的，并且求职者的价值观得符合公司的价值观。这也是我在第一章中提到的 P-J 和 P-O 两个拟合度。未来科技公司的机械工程师可能需要具备特定的知识、能力，比如关于数学建模、机器设计的知识、批判性思维、结合信息得出最佳结论的能力，以及其他与组织的核心价值观相关联的能力（包括对创新的渴望）等。然而，上述面试并没有为大卫提供这类信息，以便帮助他评估求职者是否具备胜任资格。因此，这次面试使得面试官对求职者进行 P-J 和 P-O 拟合度的评估变得非常困难。大卫甚至并不清楚求职者描述的优点和缺点是否与工程师职位相关。当然，有些求职者可能会提到与工作有关的长处或短处，但是如果问题设计得不标准，我们就很难让求职者遵循我们想要的指标来回答，他们给出正确答案的可能性将是随机的。比如，团队合作是非常重要的能力，但是只有瑞秋提到了这一点，而马克并没有提到。如果团队合作是这个岗位的关键要求，那么，大卫应该向求职者直接提问关于团队工作经验的问题。

再次，有些面试问题非常常见，求职者可能已经事先准备好问题的答案并演练过回答问题的过程，而这将导致面试官获取的信息失真。如果在市面上买到的书提到了这类问题，那么不仅面试官会看到，求职者也很有可能会看到，并且极有可能早已准备好了这些问题的答案。甚至，有些聪明的（准备充分的）求职者已经在网上找到了某些问题的答案或回答某些问题的最佳策略。比如，绝大多数关于面试的书籍都会提到关于求职者弱点的问题，并且建议求职者给出一些实际上是优点而不是缺点的答案（就像瑞秋的答案——完美主义者），或者建议求职者给出一些已经克服的过去的缺点（比如马克的答案，证明他的说服能力提高了）。在这两种情况下，大卫都没有获得与工作有关的求职者的有效信息。

最后，像大卫所使用的面试方法为一些求职者创造了机会，这让他们有可能借着机会影响面试官对自己的评价，同时有可能激发面试官对其他人的潜在偏见。比如，大卫询问瑞秋与玛格丽特 • 史密斯共事的经历，便给了瑞秋发光的机会。瑞秋抓住这个机会给大卫留下了深刻的印象。瑞秋知道大卫和玛格丽特的关系密切，因此她称玛格丽特为“麦琪”，借此强调她们的关系有多亲密。此外，瑞秋还强调麦琪是伟大的导师并从麦琪身上学到了很多的东西等。通过称赞麦琪，瑞秋拉近了其与大卫的距离。瑞秋通过迎合大卫的喜好影响大卫的评价。相反，大卫却从来没有给马克提供过类似的机会。大卫公然承认自己对马克描述的经历（机器人竞赛）不感兴趣，他说：“我从来没有真正理解过这些东西。”这就迫使马克要为自己参与的活动辩护或为自己辩护，以维护自己作为合格求职者的形象。这种防御策略虽然对求职者来说是必要的，但是很可能会造成大卫对马克产生负面评价。

如果大卫面试求职者的方式不合适，那么他该怎么改进面试呢？

解决方案之一就是结构化面试。人们对结构化面试的价值，在数十年前已经做了研究并得出了结论（大卫采用的是非结构化的面试方式）。总的来说，结构化面试的效度甚至最高可达到预测效度的两倍，与非结构化面试相比，结构化面试更有可能避免面试过程中形成偏见，从而提高可靠度，其面试评估的一致性也可能提高 20% ～ 30%。在下一节，我们将介绍结构化面试的不同技术，并解释为什么这些技术会更有效，这些技术的优点和缺点是什么，心理学机制又是什么。

标准化面试

结构化面试的核心是开发标准化的面试流程，面试官在面试应聘同一岗位的所有求职者时都采用相似的方式。比如，按照结构化面试的理念，大卫在面试瑞秋、马克及其他两位求职者时，应该都遵循同样的流程。首先，同一位面试官在面试前必须准备好所有的问题，并以同样的顺序向应聘同一岗位的所有求职者提出同样的问题。这种方法能促使面试官基于组织的价值观和需要评估求职者所具备的特定知识、技能，同时限制面试官采取现场回答的方式随意提出问题或基于求职者的独特经历提出问题（比如基于简历提出问题）。

当然，这种面试方法可能会让面试官感到沮丧，因为他们习惯在面试过程中自由地控制局面，他们喜欢了解每名求职者的更多信息。但是，我们需要意识到，结构化面试方法有许多优点。首先，通过提出同样的问题，面试官可能会收集到每名求职者在相同方面的信息。如果这些问题能够使面试官准确捕捉到与工作相关的信息（也就是具有较强的结构有效性），那么，每一条信息都可能为组织正确评估求职者提供借鉴价值。通过结构化面试，面试官能够系统地收集信息、比较信息并且评价信息，从而做出决定。因此，这种方法提高了找到合适的求职者的概率，从而能够帮助组织更精准地找到优秀人才。

其次，结构化面试可能会防止面试官产生与面试相关的偏见。面试官也是人，他们对求职者的欣赏是主观性的。如果在面试过程中面试官总是基于个人喜欢的某些特质对求职者进行判断，其结论可能是片面的。案例中，瑞秋和大卫有共同认识和欣赏的人，而同时大卫又试图质疑另一个求职者的兴趣和偏好（比如马克对机器人竞赛的热情），因此无论对于瑞秋还是马克来说，大卫的喜欢和不喜欢都会导致大卫对他们产生偏见。结构化面试有利于降低这种风险，它通过标准化的提问，限制面试官提出更简单或更复杂的问题，从而会防止面试官做出主观判断。

最后，结构化面试的优势在于能够加强面试的公平性。因为所有的求职者都会被问到同样的问题（也应该以同样的方式被评估——我们会在关于有效评估的章节提到这一点），从而能够避免求职者受到不公平待遇、歧视等因素的影响。在上述案例中，被大卫拒绝的求职者可以争辩说，他们没有得到公平的评价，因为他们被问到的问题比其他人的更难回答。如果被拒绝的求职者是受保护团体的成员（如妇女、儿童、老人、残疾人等），面试中的不公平引起的结果可能会给组织带来伤害。在许多国家或地区的法律包括欧盟的《基本权利宪章》、美国的《民权法案》、加拿大的《人权法案》等都对特殊群体的被歧视情况进行了界定。如果遭到歧视，这些群体就有可能起诉相关组织。从这个角度来说，结构化面试保证了面试官对所有求职者一视同仁，规避了歧视风险，是保护组织的盾牌。

小组面试：三个臭皮匠顶个诸葛亮

小组面试是高质量面试的途径之一。小组面试时通常需要由两个或两个以上面试官组成面试团队。与一对一面试相比，小组面试有许多优点。单独面试时，面试是一项复杂的认知任务，具体工作包括提问、认真倾听对方回答、评估获得信息的质量、准备下一个问题，做笔记记录相关信息等。如果所有这些工作都得由面试官一个人完成，那么面试的质量就会受到影响。比如，为了保证面试质量，面试官需要对求职者的回答表现得感兴趣，需要积极地倾听，甚至需要眼神交流和点头等，而记笔记会导致面试官无暇顾及这些非语言沟通，从而可能导致面试官无法收集到完整的信息，也可能导致求职者因缺乏面试官的非语言信息而表现欠佳。小组面试则可以规避上述缺点。在小组面试中，收集信息的任务可以由特定的工作人员完成，也可以由某个面试官完成。比如，当一个面试官提出问题并需要认真倾听求职者的回答时，另一个面试官可以根据回答做详细的描述性笔记。同时，面试官之间的任务轮换也是一种比较好的方法。假如A和B组成面试官小组，那么，A问第一个问题时B记笔记。B问第二个问题时A记笔记。面试结束后，面试官可以根据这些笔记对求职者的回答进行分析和评价。多名面试官共同面试可以降低与工作相关的信息被忽略的可能性或被自动忽略的风险，而且可以同时确保至少有一名面试官在积极倾听求职者的意见。小组面试带来的两个积极结果是：收集到更高质量的信息，以便更有效地做出求职者录用决策；引导求职者更积极地做出反应和表现。

同时，由于面试官之间可以交叉检查，以确保录用决策不受到与工作无关信息的影响，因此小组面试更能防止偏见和错误的产生。在面试过程中，面试官对某些群体的偏见往往是不明显的、潜在的，甚至是某些面试官故意隐瞒的，而这些偏见会导致歧视，小组面试可能会降低这种歧视带来的风险，并为组织提供第二层法律保护，因为录用决策并不是由一个人做出的。组织应该鼓励不同年龄、不同种族的人组成面试小组共同参加面试。比如，由50岁的欧美男性、35岁的非洲裔女性和25岁的亚洲男性组成面试小组，确保面试官能对求职者做出多维度评价，并借此宣传组织的多样性，提高求职者对工作的兴趣并感受到面试过程中的公平性。

行为面试

有效面试需要标准化，最好采取小组面试方法。但是面试的价值最终仍然取决于面试官提出的问题的质量。这就好比一个摇滚乐队：一个优秀的乐队需要有才华的音乐家，需要高质量的乐器，而一个卓越的乐队则需要舞台中心有一位杰出的歌手。在本节，我们将介绍组织该如何利用行为技术来开发高质量的面试问题。

什么是行为面试呢？这种面试方法并不是指要观察或分析求职者在面试过程中的行为表现，面试官自然无法扮演夏洛克·福尔摩斯（Sherlock Holmes）的角色，通过调查或解释求职者的肢体动作、焦虑迹象来对他们做出评价。相反，行为面试指面试官有技巧性地引导求职者谈论他们在工作中的行为表现。行为面试的提问方法与传统的面试方法有很大的不同。我们在前面提到过的大卫的十个最佳问题，诸如：“你最大的优点是什么？”等都与工作无关，而且即使有些问题与工作要求相关，面试官关注的也只是求职者自己最擅长什么，或者更确切地说，是求职者自认为最擅长什么，而不是如何去做。换句话说，这类传统的面试问题鼓励求职者告诉面试官他们认为自己有哪些能力，但是并不关注求职者过去是如何使用这些技能的。有些时候，求职者的回答确实会涉及有关他们实际素质的有效指标，但是有的时候，他们难免夸大其词，甚至是公然地捏造。因为任何人都可以自诩为优秀的领导者和沟通者。

行为面试是建立在“如何应用”某项特定技能的基础之上的，因此在此过程中求职者需要能够解决与工作有关的特定问题。事实上，这种面试方法并不是最近才出现的。工业心理学家早在35年前就提出了行为面试的概念，而且诸多的心理学研究已经为其可靠性和有效性积累了足够的证据。与传统的面试相比，通过行为面试，面试官可能会收集到更多的有效信息，求职者必须准确描述他们过去做过什么以及具体是怎么做的，因而很难通过夸夸其谈来误导面试官。

为了提出有效的行为问题，在面试准备阶段，面试官有必要收集更多信息以便了解工作岗位的特定需求。组织可以通过工作分析、建立胜任力模型等方法来帮助面试官了解招聘岗位的关键特征，以及胜任这个岗位所必备的知识、技能及其他特征。面试官在进行有效行为面试时，需要运用关键事件技术。关键事件技术是指识别一系列与工作相关的关键情况。这些关键情况意味着有能力的员工能够有效地处理某些工作，而能力有限的员工无法有效地处理相关工作。所有的工作岗位都涉及大量的非关键情况，非关键情况是指所有人（包括能力较弱的员工）都能够轻松处理的事件。而关键事件对组织绩效的影响比非关键事件要大得多。因此，在面试之初，面试官就必须非常清楚招聘岗位的关键事件或关键情况是什么，并非常清楚，针对关键情况，哪些行为是适合的而哪些是不适合的。面试官可以与用人部门的相关专家探讨这些关键情况、相应的关键技能和行为表现，并设计出相应的行为面试问题。

以空乘为例。大多数空乘人员都会与乘客友好地打招呼，检查他们的登机牌和护照，并提供餐食和饮料。这些是有关空乘人员的非关键情况，在这些情况下，大多数工作人员都可以表现得很好。关键事件则可能涉及飞机遇到严重涡流或航班延误时如何与乘客沟通，如何面对醉酒或咄咄逼人的乘客，如何帮助生病的乘客等。这些情况很少发生，甚至某些空乘人员在整个飞行生涯中都难以遇到类似的情况。但是这种情况一旦发生，就需要空乘人员施展出特定的技能和能力，比如保持冷静、管理情绪、有效沟通。因此，理想的情况是，对空乘岗位的面试问题应该有助于评估这些特殊技能——让求职者描述他们如何处理（或者将如何处理）类似的关键情况。

大卫也可以用同样的方法来面试应聘机械工程师的求职者。由于大卫是工程师，而且负责管理机械工程部门，因此，他对这份工作是非常了解的，当然，他也可以从其他在职的机械工程师那里收集关键事件。机械工程师的关键事件可能是接手一个工期突然缩短的项目，或者是所负责的项目的预算在最后一刻被缩减，而客户则仍然希望这些项目的交付成果是高质量的。工程师只有具备出色的组织管理能力和时间管理能力，才能有效处理这些情况。面对这样的关键事件，大卫可以提出的问题是：当某种资源（金钱、时间、人力）意外减少时，你该如何高质量地管理和完成项目？

行为面试建立在关键事件的基础上，面试官需要通过了解求职者对这些关键事件的处理情况，来探询求职者的相关行为以便预测其未来行为的可能性。为了获得关键行为的近似值，有些组织也试图依赖评价中心或工作样本测试等工具，在相似的情况中复制关键事件。例如，在评价中心面试中，求职者可能需要解决问题并做报告；或者需要在角色扮演过程中与难相处的员工打交道。而应聘秘书岗位的求职者可能需要快速、准确地输入文档。但是，在使用评价中心方法的过程中组织通常需要付出大笔费用，流程也非常复杂，甚至有时组织很难为特定的管理岗位设计特定的工作样本测试方法。因此，行为面试还是最好的选择。我们将介绍两种不同类型的行为面试（也称作“行为描述面试”）和情境面试方法。

关于过去行为的面试

心理学研究证明：了解个体过去的行为是对其未来行为进行

预测的最好方法。如果在过去，人们能够运用特定的知识、技能来实现目标，那么在未来，当他们遇到类似的情况时也将可以再次运用同样的方法达成目标。比如，一个过去能够解决问题、有效沟通、乐于助人的人，很可能在从事下一份工作时同样有解决问题的能力，并将同样善于沟通、乐于助人。而面试官在判断求职者是否具备这些理想的品质时，理想的方法是直接观察他们的行为。行为是个人素质的信号。遗憾的是，我到目前为止还没有读到布朗德·洛里安博士所著的《回到未来》（*Back to The Future*）这本书，否则我也许可以谈谈将如何回到过去，观察求职者过去的所作所为。

获取有效面试信息的最好办法是让求职者报告过去的行为。因此，面试官要有意识地提出行为性的面试问题，让求职者精确地描述他们在过去特定的关键场合（最好是工作场合）中的表现，重点关注他们将如何成功运用与工作相关的知识、能力以及其他相关经验。这类问题通常以“告诉我，你……在……时间”为开头，能够帮助面试官通过分析求职者过去的行为来预测他们未来的可能行为。如果求职者证明自己具备某种能力并能够适当运用这些能力，而且求职者的这些行为符合组织在类似情况下对优秀员工的期望，那么，面试官就应该给予他们正面的评价。

现在回到未来科技公司机械工程师的面试任务上来，大卫也可以设计行为面试问题，以便分析马克、瑞秋以及其他两位求职者是否具备岗位所需的素质。比如，针对缩短期限和减少预算的项目管理这类关键事件，理想的求职者需要有良好的组织能力和时间管理能力。此时，大卫可以提问："请举出一个实际的例子来谈谈你曾经管理过的资源有限或时间有限的项目的情况。"

以下是一些关于通用能力的行为问题。读者朋友可能会忍不住直接使用这些问题，但是我还是建议你们按照上述的流程来确定招聘岗位的关键事件、关键技能要求以及关键知识素养和能力。接下来，再确定是否需要使用下述这些问题或创建新问题。

- 关于成就：请举出一个实际的例子，说明你完成某项工作时不得不越职的情况。
- 关于解决问题：请举出一个实际的例子，说明你是如何解决困难或复杂问题的。

- 关于沟通：请举出一个实际的例子，说明你是如何向陌生人或不熟悉的人解释某个概念或某个复杂的事物的（可以是某个技术特征）。
- 关于说服：请举出一个实际的例子，说明你是如何成功地说服别人，让他们以你的方式看待事物，或者让他们做你想让他们做的事情的。
- 关于团队合作：请举出一个实际的例子，说明你是如何与项目团队合作，为实现目标而努力的。
- 关于领导力：请举出一个实际的例子，说明你是如何带领团队达成特定目标的。
- 关于乐于助人：请举出一个实际的例子，说明你是如何主动帮助同事或下属解决问题的。

关于行为面试，学者们争议得比较多的是：面试官是否应该持续追问求职者最初的行为问题，以了解他们的实际表现。一方面，支持高度僵化面试形式的人认为，追问可能会使面试官产生偏见的概率上升，从而影响他们对求职者的评价。比如，在面试追问过程中，有些求职者可能会被问到更多的问题，从而改善他们以前提供的答案，而有部分求职者则可能没有这样的机会。他们甚至认为面试官可能会在追问过程中尝试反驳求职者的原始回答，质疑求职者经验的真实性。因此，他们并不赞同追问求职者的做法，并认为组织应该通过标准化面试来消除面试官的偏见，以免影响录用决策。另一方面，有些学者（许多评价中心专家）认为，继续追问可以收集到更多有关求职者工作经历的真实信息，能够帮助面试官做出有效的录用决策。如果方法合适，后续的追问能够获取求职者在某些特定情况下的真实行为以及处理事情的结果等信息，收集的信息越多，面试官就越有可能对求职者的素质和能力做出合适的判断。此外，面试官通过继续追问，或者制定面试过程中的求职者问责制度，也可以减少求职者欺骗现象的发生。

面试官如果需要继续追问，就需要注意追问过程中的系统性。面试官可以采用情境—任务—行为—结果（STAR）方法来收集所有候选者的信息，并确保针对所有求职者的方法和流程是一致的，从而确保信息的可比较性。在行为面试过程中，求职者往往需要解释他们面临的具体情况或问题（S-situation），他们的角色、职位、责任或他们期待完成的任务（T-task），他们采取的行动或做出的决定（A-action），以及任务或问题的结果（R-result）。当求职者没有提供足够的信息，或者上述四个方面中的任何一个回答不完整时，面试官就应该继续追问。比如，关于领导力的问题，若求职者提供的“任务”和“结果”的细节不完整，面试官可以追问：“你刚刚提到你成功地领导了你的团队，请谈谈这个团队有多少人，取得了什么成果？”

面试追问的另一种替代方法是在面试开始时或面试前给予求职者指导。比如，当需要求职者提供过去的工作经历等信息时，面试官可以提前告诉他们回答这个问题的具体结构要包含这四个点：遇到的情况、角色和任务预期，他们采取的行动以及最后取得的结果等。这样的指导可以帮助求职者提供更加完整的信息，并确保所有求职者按照同一结构提供答案。这种方法也有利于帮助求职者在面试过程中发挥良好。研究证明，在面试前接受过 STAR 培训的求职者在面试中的表现往往较好。

关于过去行为的面试方法有许多优点。面试官可以收集求职者有关工作的大量信息，并间接了解他们掌握的技能或能力。此外，研究表明，这类面试可靠性高、有效性高、预测效度高。但是，不容置疑，这种行为面试的方法也有其缺点。首先，在某些情况下，没有可供参照的过去经历或行为。比如，许多应聘只需具备初级技能或不需要经验的初级岗位的求职者并没有可以依赖的过去经验。再比如，应聘初级管理岗位的商学院应届毕业生可能从来没有从事过管理团队或项目的工作。那么此时，面试官只能基于求职者的非工作经验（比如社团或者志愿者活动等）来分析他们的能力和素质，而这些非工作经验往往与现有工作并不相关或相关性不高。其次，有些工作可能是独一无二的，或者涉及处理与工作、组织或行业有关的具体情况，以至于即使是经验丰富的求职者在过去的职业生涯中也从来没有过类似的经历。此时，他们过去的经验可能与他们申请的职位没有直接关系。最后，求职者描述的经验很可能非常复杂，以至于面试官几乎不可能对不同求职者进行比较等。幸运的是，在心理学领域，学者们已经开发出一种不受上述局限性影响的行为面试方法：情境面试。

情境面试

心理学研究表明：人们倾向于按他们说的去做。基于此，学者们提出了目标设定理论：人们的意图与人们的行为有关。情境面试是建立在这一理论基础之上的面试方法。人们根据这一理论，通过设定特定的目标，付出更多努力来实现目标。所以，人们可以精确地衡量求职者与工作相关的意图，并以此作为将来衡量他们未来的工作表现的有效指标和预测值。有趣的是，神经科学研究表明，一个人在想象复杂的行为时神经系统的状态（比如大脑的某个区域被激活）与其实际参与这些行动时的状态非常相似。

假定人们倾向于按他们说的去做，那么，在情境面试中，面试官可以引导求职者在某个假定的情境下（这个情境与工作相关），准确地描述他们将如何做。情境面试技术背后的原理是，人们如果能够描述处理特定问题的特定方法，那么他们在实际工作中遇到类似的情况时也可能采用相同的方法。

情境描述面试中的假设情境应该与关键事件相关，面试官要注意情境的真实性，以提高面试效果，还要确保所有同一岗位的求职者面临的是同样的场景，以确保面试信息具有可比较性。在关于过去行为的面试中，求职者很有可能描述与他人完全不同的工作经历，从而导致收集到的信息难以被进行比较，但是情境面试可以攻克这一难题。总的来说，在情境面试中，由于面试官仅仅要求求职者描述其行动意图而不是采取实际行动，因此，追问是多余的。

值得注意的是，在行为面试中，求职者必须依赖现有经验和成就，或者必须描述他们过去解决的实际问题，来表明他们有特定的处理问题的方法，拥有特定的技能。但是，在情境面试中，面试官对求职者的评价仅限于情境中的行为，求职者被要求解决假想的问题，因此，求职者可能有空谈的倾向。比如，他们如果揣测到面试官喜欢加班的员工，那么他们更有可能说他们会加班到很晚才能按时完成一个重要项目，而在实际工作中，他们根本就不会这么做。

因此，有效情境面试的关键特征是复杂性和两难性，以减少情境问题的转化性，从而避免求职者简单地提供一个没有后果的好答案。两难困境的目的在于让人们更有可能描述他们认为在某一项特定工作中所应该做的事情，从而将他们为迎合社会期望而提供答案的风险降到最低。因此，有效的情境测试不可能有一个简单的或理想的解决方案，求职者必须能够证明他们具备采取适当行动所需的知识，并且准确描述他们将如何行动，强调他们该采取哪些步骤以确保取得积极成果。

再回到大卫面试机械工程师的案例中来。他可以采取情境面试方法来评估求职者管理预算和时间有限的项目的能力。假设你负责一个项目，你必须为客户设计一款新型高效的工业发电机。现在，你已经将项目推进两个月了，还有一个月就可以提交最终报告和成果。接下来你有清晰的步骤和计划，你相信如果全力以赴的话，一定可以按时完成。可是此时，你的主管通知你，客户正面临财政困难，并且缩减了投资该项目的预算。因此，接下来你只有两周时间完成这个项目，并且提交报告。在这种情况下，作为项目负责人，你该怎么做？

下面我们将介绍几个情境面试的问题，以下情境能帮助面试官评估某一项特定工作、组织或行业的某一特定情况。虽然如此，我们还是建议读者朋友不要直接生搬硬套下述情境，而是应该通过识别岗位的关键事件和关键技能来确定是否使用某些情境或创建新的情境。

- 关于领导力（适用于交警）：你正在休息时，收音机里传来了一起涉及多辆车的严重交通事故的消息。有一个交警团队正在赶赴事故现场，但是至少要一个小时以后才能到达。由于情况紧急，你带领三个人（包括你自己）的团队先赶到现场。在现场，你看到三辆车严重受损，很可能车里有受伤的乘客。一群好奇的旁观者正聚拢过来，此时交通开始渐渐拥堵。此时，你将如何处理这种情况？
- 关于团队合作（适用于会计师或审计师）：在过去的一个月里，你一直和四名同事一起负责审计工作。接下来，你只有一个星期的时间完成审计报告，而且这个星期你还有许多其他任务需要完成。从前几天开始，你的两名同事一直在争论该如何协调账户上的某些费用，以寻求最好的办法。这场争论一直持续到今天早上，并引发了激烈的冲突，两位同事相互辱骂，并拒绝合作，其中一人甚至离开去吃午饭后再也没有回来。为了确保能够按期完成审计报告，你该怎么做？

- 关于决策制定（适用于电力行业的技术人员）：你正在和你的同事一起负责电力线的维修工作。突然，他犯了一个小错误，因此他受到了严重的电击。可是这位同事告诉你，他感觉还好，并要求你不要告诉任何其他人，尤其是你的上司，因为他害怕由于没有遵循正确的程序而惹上麻烦。你的老板曾经警告过他，犯这样的错误可能会使他丢掉工作。面对这种情况，你会如何做？
- 关于沟通（适用于电子器材销售人员）：假定你在这家电子器材店的电视部门工作。圣诞节前的最后一个周末，一个忙碌的星期六下午，一位70岁左右的女士走了进来，她想给20岁的孙子买一台新电视机，但她不知道买什么型号好。她甚至都不懂什么是LCD、OLED，也不清楚全高清和4K之间的区别。你会怎么做？
- 关于组织能力（适用于零售部门的管理者）：假设你是店长助

理。周六上午，店长外出培训，店务转交给你负责。接下来，三名收银员打来电话，要求请病假一天；有一名新员工第一天入职库存管理岗位，并且需要接受新员工入职培训；客户服务柜台的员工收集了一些客户的问题要向店长请示；你还必须完成财务月报，并在今天下班前将报告发送至公司总部。面对这种情况，你会如何处理？

情境面试和行为面试都有优点和缺点。研究表明，二者都有较强的可靠性以及高预测度和有效度。比如，我们在第一章中提到，两种面试的预测水平都在 25/100 ～ 40/100，而且当面试中的问题与关键事件关联度更高时，预测值还可能提高。二者的主要区别在于问题的类型不同，因而面试官需要关注的品质也不同。情境面试并不关注求职者的实际工作经验和知识，而行为面试恰恰关注求职者的过去工作经历以及个性特征。面试官通过行为面试收集到的关于求职者实际工作表现的信息，可能与其未来工作表现的相关性有限，但是情境面试中的工作情境则可以与工作极其相关，却又缺乏实际工作证据。因此，设计一种能够整合两种方法的优点的面试是非常有价值的。

有效评估

高质量面试的最后一步是有效评估。标准化面试以及小组面试可以减少面试过程中的偏见，行为面试可以确保面试官收集到更多有效的相关信息。但是，面试官只有对这些信息进行有效评估，才能做出最佳的录用决策。不幸的是，组织容易忽视面试评估的重要性，往往统而笼之地将艰巨的评估任务交给面试官，并要求他们整合所有的信息来做出决定。忽视评估会引发许多问题，包括重要的信息可能会被遗忘或忽略、哪些信息权重应该更大、理由何在？是应该基于整体评估决策还是基于求职者的具体情况进行决策？而面试官的个人偏见或偏好也将影响最终的录用决策。为了避免形成上述问题，面试官可以使用锚定评级量表对求职者进行打分、比较，并做出尽可能客观的决定。

我们可以用锚定评级量表测量个体的行为问题。尽管针对过去的行为和特定的情境，量表的内容会略有不同，但评分量表的格式和使用方法是一样的。目的是确保能以同样的标准对每名求职者对同一问题的回答进行评分，从而确保最终评分的可比较性。值得注意的是，根据评级量表打分并不意味着简单地给出一个数字，而是要求面试官能够根据求职者的回答质量或可信度做出评级。比如，大卫可以给瑞秋和马克的组织能力打分，并对他们的得分进行比较。下面我将介绍一个 5 级评级量表，低于 5 级也是可以的，但是少于 4 个等级可能会减弱评价的有效性，而超过 7 个等级又将使评级过于复杂。

每一层都应该能够恰当描述行为问题，或者对特定的情境问题进行评价。比较理想的情况是，该量表能够适当反映求职者行为 / 反应的不同差异。所以，在设计量表时，我们要考虑每一级都有一个对应水平的答案，并给出不恰当的行为或反应的示例，以确保面试官能够有依据地评估求职者的答案，做详细的记录，并且在面试结束时能够根据量表进行评分。更准确地说，量表的每一层级都要有描述和行为示例供面试官参考。5 级代表求职者的答案最理想，1 级代表求职者的行为或反应最糟糕，如果求职者的反应类似于 4 级的标准，那么他们应该得到4分。

那么，这样一张评级量表的标准以及示例怎么定呢？我们可以从专家那里收集相关资料并进行修改。在面试准备阶段，面试准备小组或面试官应该从专业部门的主管或在职员工那里收集关于某一问题或行为的关键示例（包括恰当和不恰当的行为示例）。比如，大卫应该从研发部门的机械工程师或主管那里收集关于如何处理缩短项目期限的最佳方法，听听这些专业部门的工作人员的意见和建议。面试官在根据这些收集到的信息制定评级量表时要注意确保等级是完整的，比如若收集到的信息是关于最高等级和最低等级的案例，那么就需要面试准备小组来补充中间等级。有的时候，为所有级别制定明显不同的定义和解释比较麻烦甚至不好理解，但是如果给每个级别都提供一个明显不同的示例，相对来说就容易理解了。

表2-1和表2-2是两个锚定评级量表示例（一个关于行为问题，一个关于情境问题）。需要说明的是，我们并不赞同面试官直接使用这些示例，而是鼓励大家能够根据实际情况开发属于自己的评级量表。

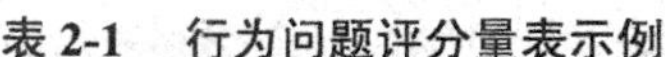

表 2-1　行为问题评分量表示例

技能评估	沟通	
行为问题	请举出一个实际的例子说明你将如何向陌生人解释一个复杂的概念或一项技术的具体特点	
评分	**行为描述**	**答案示例**
1	被解释的概念或特性非常简单，根本不需要调整自己的沟通风格	作为一名工程师，我向另一名工程师解释了什么是电子元件，以及它的技术特性如何，我的同事立即理解了这个概念
2	被解释的概念或特性很复杂，但是沟通的对象并不是这个领域的专家，而求职者并没有采取合适的方式与对方交流	作为一名工程师，我向客户解释了什么是电子元件，并使用了专业术语来解释它的技术特性，以展示我的专业性
3	被解释的概念或特性很复杂，沟通的对象也并不是这个领域的专家，求职者试图适应对方的沟通风格，并明确传递了部分信息	作为一名工程师，我向客户解释了什么是电子元件，我用了一些通俗易懂的语言来表达它的特性，但是，客户似乎并没有完全听懂，尤其是对这些元件的附加值他们表示不是太明确
4	被解释的概念或特性很复杂，能够站在沟通对象的立场思考问题，尽量使用对方能够接受的语言，适应对方的沟通风格，但是并不能确保对方是否真的理解了相关信息	作为一名工程师，我向客户解释了什么是电子元件，我尽量避免使用专业术语来表达它的特点，并且尽量用通俗易懂的语言来向客户进行解释。我相信客户听懂了我所表达的内容
5	被解释的概念或特性很复杂，能够站在沟通对象的立场思考问题，并且尽量使用对方听得懂的语言和方式来传递信息，启发对方的思考，尽力让沟通对象理解自己的表述	作为一名工程师，我向客户解释了什么是电子元件，我尽量避免使用专业术语来表述它的特点，并且尽量用通俗易懂的语言来向客户进行解释。解释完毕后，我向客户提了一些问题，让他重复了几个关键要点，以确保他是真的听懂了

表 2-2　情境问题评分量表示例

技能评估	抗压能力	
情境问题	你是国际机场一家酒吧的经理助理。今天天气非常糟糕，机场通知所有离港航班可能都需要延误 4 ～ 5 个小时，届时将有大量滞留乘客来到你的酒吧喝酒。在这种情况下，你怎么办	
评分	行为描述	答案示例
1	面对复杂的情况，几乎不做任何改变	在这种情况下，我们接待的客户量会增多，工作压力会增大。但是，还需要进一步分析具体情况，才能确定是否要做出改变。比如，酒的库存情况，员工数量的多少等，都还有必要被进一步了解
2	对压力有预期，有所行动，但是并不积极去收集了解更详细的信息	我会看看酒吧里是否有足够的食物储备，是否能够保证供应量充足，并且指派一名员工清点库存，必要的话从商店再采购一批东西
3	试着快速了解信息，以保证完成本职工作，并对总体需求和可能的变化做出了评估	我会查看延误航班的数量，以估计乘客的数量，进一步估计到店客户的数量。接着，快速估计所需的物资供应量，并与现有库存做对比。如果有必要，我会打电话给负责管理库存或发货的同事，以便在紧急情况下保证供应量充足
4	尽可能去获得相关信息，评估总体需求情况，并根据需求进行调整	我会与空乘人员交流，以弄清延误客人的数量，并与现有库存做对比。如果有必要，我会致电负责管理库存或发货的同事，以便在紧急情况下保证供应量充足

续表

技能评估	抗压能力	
评分	行为描述	答案示例
5	分析需求和可用资源之间的潜在差距，主动采取措施获取必要的、有用的信息以便做出恰当的决策，并立即行动解决问题	我会紧急联系机场管理局或航空公司，以弄清延误乘客的确切数量以及更多有关航班延误的信息，并与现有库存做对比。如果有必要，我会打电话给负责管理库存或发货的同事，以便在紧急情况下保证供应量充足

一旦求职者对所有问题都进行了回答，那么，面试官就可以根据面试情况做出决策。首先，面试官需要比较所有求职者对个别问题的回答。比如，确定在某个关键问题（代表非常重要的素质）上，谁的得分更高。以机械工程师为例，谁的组织能力得分更高？其次，面试官要根据所有求职者在面试中的整体表现对求职者进行总体评价，打出总分，并比较所有求职者的总分，选出最合适的人选。在面试前，面试官就应该有意识地提醒自己对最重要的关键事件资格素质给予更多的重视，同时可以赋予这些素质更高的权重。比如，如果大卫向求职者提了 10 个行为问题，那么在最后进行录用决策时，他可以对组织能力和批判性思维两项素质赋予双倍的权重。

锚定评级量表在面试中的作用是显而易见的。首先，量表降低了组织对面试官的认知能力和记忆能力的要求，面试官可以参考每个层级的行为示例来对求职者的反应进行评估。因此，量表评估更加简单，面试官收集到的信息更加精准，从而面试官将更可能做出有效的录用决策。其次，量表对所有求职者一视同仁，并可以减弱面试官的偏见或偏好对录用决策的影响，从而有助于增强面试的可靠性。此外，基于量表的评价更容易让面试官小组达成一致意见。最后，量表把面试官的主观评价变成了客观数据，从而能够确保录用决策有据可查，并进一步证明录用决策的合理性，以避免组织陷入被拒绝的求职者的诉讼官司。

小结

我们在本章探讨了面试过程中可能会出现的各种问题，以及可能存在的偏见，并分析了这些问题和偏见对录用决策的影响。接着，我们介绍了印度心理学和管理学学者们数十年潜心研究的成果，对如何设计高质量的面试进行了详细介绍。现在，我们再来回顾一下大卫的案例。

大卫必须面试四名应聘初级机械工程师的求职者。那么，大卫怎样才能设计出最有效的面试呢？首先，他需要确保面试的标准化，以便所有求职者都能得到公正、一视同仁的对待。这就意味着，他应该以同样的顺序向瑞秋、马克和其他两名求职者提出同样的问题。这些问题应该是与工作相关的，而不是求职者可以在网上搜到或从其他途径得到答案的。因此，大卫需要清楚地了解这个岗位的任职资格要求和对求职者胜任素质的需求，以及胜任这个岗位所需的知识、技能或能力。大卫可以通过询问该岗位的现有在职员工或部门主管来了解这个岗位所需要的关键素质以及在关键情况下应该具备的能力。基于这些信息，大卫可以设计一系列行为问题，让求职者描述在过去遇到类似情况时他们是如何处理的。大卫也可以设计一系列情境问题，以了解求职者将来遇到类似情况将如何处理。大卫应该组织面试小组，最好邀请具有不同背景的另外两位经理共同参与面试。当一名面试官提出问题时，另一名面试官能对求职者的回答和行为进行详细的记录。大卫应该事先制定锚定评级量表，以帮助面试小组对求职者的表现做出更有效的评估。这个量表应该给出相关示例，以确保面试官能够根据评分标准对求职者的回答进行打分。最后，大卫应该计算出所有求职者面试的总得分，并对求职者进行比较，以找出最合适的求职者。

有些面试官在最开始时可能不太愿意改变自己的面试习惯，也不愿意把时间、精力和金钱投入看起来流程烦琐的标准化面试上，他们可能对行为面试并不感冒。但是，作为专业的面试官，我们需要清楚的是，行为面试的投资回报是非常可观的。对于公司来说，采用行为面试方法是一笔长期投资，这能够提高面试的可靠度、有效度和可测度，而且行为面试问题以及锚定评级量表一旦被设计出来，就可以被当作面试资料数据库加以重复利用。现在，一些大型组织比如谷歌已经开始非常注重面试数据库的建立。可以说，设计高质量的面试是所有组织必须要做的工作，无论是大公司还是小公司都毫无例外，也包括大卫的未来科技公司。

有效面试的方法

求职面试的社会性

闪耀电子科技公司（Brilliant Electronics）是一家致力于开发智能手机技术的跨国公司，瑞秋和马克明天要为应聘这家公司的机械工程师职位参加面试。该公司的人力资源经理爱丽丝（Alice）设计了一套标准化的面试工具，并准备了一系列行为面试问题来对求职者进行筛选。爱丽丝希望能够通过运用有效的面试技巧来提高录用决策的准确度。此时，你或许会问：“那么，这是否代表面试过程就不会出错了呢？”

事实上，面试过程中的失误仍然是在所难免的。录用决策取决于求职者和面试官双方的表现。这就好比，如果送一把斯特拉迪瓦里小提琴给一个受过训练的小提琴手，让他演奏莫扎特的 40 号交响曲，那么，这把小提琴可能为他的演奏加分，让听众十分享受。但是，如果将同样的小提琴送给一个不懂音乐年仅 5 岁的小孩，并让他演奏乐曲就可能变成一场灾难。同样，面试技巧就是一种工具，即使是最好的工具，也需要求职者和面试官拥有相应的素养和做好准备，并能够自如地运用好它。

面试的核心是两个或多个个体之间的社会互动。面试官和求职者都有自己的目标、疑虑、期望、态度和对面试的偏好，这些因素都可能会影响他们的行为，并最终影响面试的结果。同时，潜在的文化因素（比如面试实践过程中的国际文化差异），也可能影响不同文化背景下的面试效率。

求职者的有效面试

通常来说，求职者在面试过程中属于被动的一方。面试官对他们进行筛选、评价，以确认他们是否是岗位的合适人选。因此，面试的结果与求职者的反应、情绪、面试准备相关。同时，求职者还需要学会管理自己的期望，尽力去理解面试官提出的每个问题，分析出面试官所提出的问题对应的是岗位需要的哪些素质。下面我们将通过瑞秋和马克的案例来谈谈面试过程中求职者的焦虑、需要做的准备、期望以及识别面试官选择标准的能力。

面试焦虑

马克走进爱丽丝的办公室，和她握了握手，坐在指定的椅子上。虽然马克感受到爱丽丝的手传递的温和，但是他的掌心还是紧张到冒汗了。上一次在未来科技公司面试失败的记忆立即浮现在马克的脑海中。现在，他非常渴望在闪耀电子科技公司工作，他希望获得这个职位。所以，他必须给爱丽丝留下良好的印象，但是他的这种期望越大，就越使他充满担心和焦虑，他害怕自己会表现得不够好，害怕再一次失败。马克思考着爱丽丝可能会问的问题，他担心自己回答得不够好或者答案无法令人信服。他一直在犹疑和纠结是否可以告诉爱丽丝他对机器人比赛的热情，毕竟上次面试谈到这个话题时并没有得到认可。马克甚至会思考他的领带颜色和衬衫是否相配。

面试是一种社交互动，它本身就意味着压力。更重要的是，双方的地位是不平等的，因为面试者的表现最终要由面试官评判。因此，马克感到焦虑是正常的。面试焦虑可能从求职者的表现（比如膝盖疲软、手心出汗、握手时摇晃等）中显现出来。当求职者不确定自己的答案是否被面试官接纳，不确定自己是否理解面试官的问题时，或者当求职者对自己的着装风格、外表形象等不够自信时，都可能经历面试焦虑。

虽然面试焦虑的表现形式多样，但是面试官有时也难以将其分辨出来。有人认为，那些更加焦虑的求职者可能会出现一些非语言行为。我们常在电影或电视剧中看到，当主角感到有压力时，他可能会坐立不安、不停地移动身体、搓动双手，或者说话语速加快，试图避免跟谈话对象有眼神接触等。但是，研究表明，这些非语言行为往往跟面试焦虑无关，相反，焦虑的求职者会出现这些行为：他们很少点头，也很少挪动他们的手，并且说话语速很慢。因此，面试官想精准地评价求职者什么时候感到焦虑，并且帮助他们减轻这种焦虑感也是非常困难的。

对于马克和瑞秋这类求职者来说，面试焦虑会对其面试效果造成不良影响。焦虑的求职者往往可能表现得不够积极、不够自信、不够热情、不够可爱，甚至不够专业。而这些特征恰恰是企业需要的。因此，若求职者有面试焦虑，可能就会使面试官无法对他们做出准确评价，甚至可以说，求职者越焦虑，其面试表现就会越差。同时，求职者越焦虑，就越有可能说明他们并不适合其应聘的岗位。当然，后面这种情况对组织而言，其实是有价值的，因为它能够降低不合格的求职者得到工作机会的概率。但是，也有些合格的求职者可能也会产生类似的面试焦虑，而这种情况就可能导致组织忽略、拒绝一些优秀的求职者。面试焦虑会阻碍求职者发挥出最佳的状态。有趣的是，尽管女性求职者比男性求职者更可能感到焦虑，但是在有效应对焦虑方面，女性求职者却更胜一筹。换句话说，瑞秋在面试过程中可能比马克感受到更多的压力，但是马克的焦虑表现对面试效果的负面影响却可能比瑞秋更大，瑞秋也许能更好地应付焦虑。因此，他们（尤其是马克）应该通过参加相关培训来学会如何减轻面试中的焦虑感。

那么，马克和瑞秋在闪耀电子公司面试时，该如何控制焦虑，给面试官留下更好的印象呢？如果他们曾经在不同的场合经历过严重焦虑（心理学家称之为“焦虑症”），那么，只做一天的面试减压准备是不够的。这种类型的焦虑可能需要临床心理医生的干预，比如放松训练、认知行为疗法等，但是这些知识超出了本书的范围。抛开上述焦虑症不谈，对于面试过程中有焦虑感的个体而言，短期准备和培训是有效的。我们在前文中已经提到，女性求职者可能有更好的应付焦虑的措施，那么她们是如何做的呢？心理学研究表明，情感导向和问题导向的应对策略是有效的，而回避型策略则是无效的。情感策略是基于情绪的策略，它指当个体感到焦虑时与他人（朋友或家人）分享自己的焦虑。在面试过程中，求职者可以与面试官分享自己的焦虑，争取时间调节情绪，从而减少焦虑可能给面试效果造成的负面影响。问题导向的策略是基于任务的策略，它指的是个体面对焦虑时采取一些行动，比如调整呼吸、提前准备好面试问题等，为减少面试中的焦虑早做准备或采取行动。瑞秋和马克也可以通过这两种策略来减轻可能会出现的面试焦虑，如与朋友进行面试预演，提前准备好回答相关问题等。

准备与培训

面试准备是一种很有价值的方法，即使对于非常自信的求职者来说，面试准备也是有必要的。首先，求职者应该收集与面试相关的、与目标公司和目标岗位相关的信息。求职者可以通过访问相关的网站或阅读相关的书籍来获得第一手资料，了解面试的流程，以及面试过程中可能会遇到的问题。面试准备可以帮助求职者尽量消除面试过程中的不确定性。比如，马克可以提前准备一些面试官可能会问的问题，并提前准备好相关的答案。这类关于面试技巧的建议在各种网站和书籍上都能被找到。这类面试准备可以帮助求职者减轻面试焦虑，但是也可能导致面试官获得的是虚假的信息。因此，这可能导致最终不合格的求职者得到了他们本不应该得到的工作机会。假设史蒂芬和瑞秋、马克一起申请闪耀电子公司工程师的职位，但是客观上来看，史蒂芬是不合格的。可是如果史蒂芬通过在简历上夸大事实，并运用其在网站上或书籍上找到的问题的答案来回答面试官的提问，他就将有可能在面试中表现得积极、热情和主动。在这种情况下，他的面试准备可能会导致错误的面试效应的产生：史蒂芬会被聘用，而不是其他更合适的求职者。但是，如果组织采取行为面试的方法，出现这种面试情况的可能性会较小，因为求职者很难提前预测和准备好行为面试问题的答案。

也有些书籍或网站的相关资料能够帮助求职者了解行为面试的目标、机制和特点。比如，他们会介绍行为面试的特点，并引导求职者去思考面试中可能会遇到的行为面试问题，结合自己过去的经历和经验做出相关准备。值得注意的是，即使如此，也没有任何书籍或网站会告诉求职者面对行为问题时应该做什么或应该说什么，没有人会鼓励欺骗行为。相反，这类指导可以帮助求职者探索自己的过去，找出他们面临的相关问题，突出他们的某些优势。为了总结相关的经验和经历，求职者可以收集有关目标公司或岗位的信息。比如，马克可以从闪耀电子公司的社交媒体页面或搜索引擎中获取有价值的信息。求职者在做这类面试准备时还可以采取“冥想图”的方法，它是指求职者通过回忆过去的工作经历，想象他们在某些特定场景或情况下的表现，并将这些冥想到的心理表征行为与即将面临的面试进行有效连接，从而帮助自己减轻面试过程中的焦虑，发挥出最佳状态，提高面试的质量。因此，对行为面试问题的准备，可能会激发求职者对面试官的提问做出诚实而有见地的回答。这种面试准备对求职者和组织都是有价值的。

做面试准备的另一种方法是参加培训。对于马克和瑞秋这样的应届毕业生来说，面试辅导一般由其所在大学的就业中心提供。失业后再求职的个人可以参加职业机构、私人组织或个人、政府部门等提供的相关收费的或公益的课程。这类培训如果是经精心设计和充分准备的，那么，它将可以帮助求职者在面试过程中发挥得更好。在一项关于警察和消防队员的面试研究中，研究员将参与面试的求职者分成两组：一组接受了简短的（1.5～2个小时）培训，培训内容包括传授结构化面试的知识，提供适当行为的建议，以及角色扮演的培训等；另一组则没有接受任何关于面试的辅导。研究结果显示，接受过面试辅导的小组在面试过程中的表现整体上好于另一组。面试培训还包括传授一些应对面试的具体技巧。研究表明，面试开始时求职者与面试官握手的质量会影响面试效果。因此，求职者可以学习如何进行“良好的”握手，求职者需要学会有力地握手，并学会在握手过程中与对方进行恰当的眼神交流等。对于组织来说，如果这些面试培训的目的是帮助求职者在面试过程中关注并传递与工作相关的信息，那么，这类培训实际上可以加强面试的有效性。换句话说，向求职者提供有关行为问题和预期答案的信息，并对他们进行指导，可能会帮助面试官更好地预测求职者未来的工作表现。

选拔标准识别能力

我们在前文中已经提到，求职者在正式进入面试环节前，应该尽可能了解目标公司的情况，了解目标岗位对求职者的要求，并准备好简历，对过去的工作经验进行回顾总结，将之与目标公司岗位的资格要求进行匹配。求职者选拔标准识别能力（ATIC）不仅适用于面试，同时也适用于性格测试和评价中心测试。求职者选拔标准识别能力指的是个体挖掘线索的能力，以及尽可能理解、发现并提炼面试官或组织试图评估的岗位技能要求或能力要求。比如，求职者要认真倾听面试问题，并试图找出这个问题所评估的技能以及特定的行为；可以在面试前对部分问题进行预测，通过分析职位描述来确定岗位的关键资格要求，或通过查看目标公司发布的信息来分析组织非常重视的价值观以及可以接受的态度。研究显示，有些求职者的选拔标准识别能力比其他人强，因此，他们更可能在面试过程中获得高分。同时，高智商的人更可能根据收集到的信息及时调整面试行为，以更好地迎合面试官和组织的期望，从而优化面试效果。

假定爱丽丝向瑞秋和马克提问："请举出一个实际的例子，说明你们是如何向陌生人解释复杂概念的？"这个问题评估的是公司对沟通能力的特别需求，如果瑞秋能够意识到这一点，她便将表现得非常自信，她将能通过描述过去的经历，成功地向面试官讲述曾向陌生顾客介绍智能手机的技术特点的过程。而这些行为反应可能正是爱丽丝所期待的，因此瑞秋将得到爱丽丝的积极评价。但是，如果马克并不能确定这个问题与沟通能力有关，他便可能描述无法体现他所具备的优秀的沟通能力的体验，比如一次试图说服客户购买不必要的高端产品的经历。而这类回答可能导致爱丽丝降低对马克的评价，因为这类行为并不能反映出马克优秀的沟通能力。

求职者的选拔标准识别能力对求职者和组织都是有益的。对于求职者来说，较高的选拔标准识别能力与面试表现呈正相关。研究显示，这类能力较强的个人，将来在工作中的表现也可能较好，因此，对于组织而言，求职者选拔标准识别能力还具有一定的预测效度。对这一现象的相关解释有两种。首先，员工的工作绩效与员工的认知能力相关。而具有较强认知能力的求职者更善于识别选拔标准。同时，具有较强认知能力的个体可能在各方面表现得更出色，因此，较强的选拔标准识别能力也间接地与更高的工作绩效相关。其次，选拔标准识别能力也被视为一种社交能力，它能够有效帮助个人分析和应对不确定情况。如果求职者能够在面试中正确地确定自己的期望，他们就更可能处理好在未来工作中遇到的模棱两可的复杂情况。比如，当老板给出不明确的指示时，高智商的人更可能做出正确的反应。因此，爱丽丝认为瑞秋比马克更符合组织需求。因为，瑞秋能够确定面试问题的合适答案。这说明瑞秋很聪明，并有能力处理不确定的工作，而这正是爱丽丝需要的品质。

管理面试期望

求职者往往带着期望参加面试。这种期望会影响他们在面试中的表现和发挥，进而影响面试结果。因此，无论是求职者还是面试官，双方都需要对这方面加以重视。如果面试官能够理解求职者的这些期望，也就有可能在合适的时候帮助求职者管理这些期望，从而优化面试效果。研究表明，求职者的面试期望往往表现在五个方面：第一，他们希望得到面试官的尊重和热情；第二，他们希望面试的设计有利于他们向公司展示自己的品质和潜力；第三，他们认为，只有合格的个体才可能得到录用机会，而不合格的求职者通过伪装或说谎是很难成功获得职位的；第四，他们希望面试的过程和评估能够公平、公正；第五，他们希望组织能够对他们在面试中的表现予以反馈。

上述期望实际上是非常重要的。因为他们能够影响求职者对面试的感觉。比如，如果求职者预期面试官是热情的、尊重他人的，那么面试后求职者更有可能感受到热情和尊重。如果求职者预期面试官是冷漠和不尊重他人的，那么，他们就更有可能产生相应的感觉，哪怕面试官实际上表现得热情而尊重他人。因此，从心理学的角度来说，求职者事实上参与了“确认过程”，也就是说，面试过程中发生的一切都与面试前的期望相关。面试期望不仅会影响求职者的认知，还可能影响求职者在面试中的表现，因此，如果面试期望不合理，则有可能导致求职者形成面试感受和反应的偏差。一方面，如果求职者预期在面试中会受到不公平或不被尊重的待遇，那么他们在面试中更可能感到焦虑、缺乏动力，从而在面试中表现不佳、发挥失常。如果他们认为面试的结果将是不公平的，他们可能会想那就不值得竭尽全力表现了。另一方面，过高的面试期望也有可能适得其反。比如，求职者对面试官的热情程度预期过高，而实际面试时面试官却并不如他想象中的那么热情，这将可能给求职者带来冲击，从而使求职者变得沮丧、退缩，对面试和工作失去兴趣与信心。

此外，求职者的面试期望也将影响求职者的选择。比如，求职者对面试官的热情程度和尊重他人方面的期望，可能会影响他们对组织的看法，并最终影响他们对组织的选择。如果瑞秋期望被热情对待和被尊重，而且她到达闪耀电子公司面试时，被爱丽丝热情地接待，那么她可能认为爱丽丝的行为恰恰证实了她的预期，因此，她就极有可能认为这家公司是有着足够吸引力的，她也更有可能将这些看法分享给她的朋友们。如果马克预期面试官是冷漠无礼的，那么他就有可能在面试中感受到爱丽丝的冷漠无情，因此，他就有可能认为爱丽丝的行为证实了他的期望，从而对闪耀电子公司形成不好的印象，并阻止他的朋友参与该公司的面试。

综上所述，求职者和组织都有可能从现实的面试期望中获益或受损。因此，管理面试期望是非常重要的，组织也应该有意识地在这方面做出努力，帮助求职者管理他们的面试期望。求职者应该通过阅读公司网站及相关在线文档，或者从朋友、同事那里收集尽可能多的信息，并根据这些信息调整对组织的预期。组织也应该尽可能通过多种渠道向求职者提供相关信息，并解释面试过程的每个步骤、解释及做出面试决定的标准等，以帮助求职者建立更合适的面试期望。

面试官的有效面试

我们在前文中介绍了影响求职者面试效果的因素以及该如何管理这些因素，以便获得最佳面试效果。比如，如何处理面试焦虑，如何做面试准备，如何识别选拔标准，如何管理面试期望等。下面，我们将介绍面试官要如何表现才算得体，如何做才能确保面试过程的公平、公正，提高面试的有效性，并做出最佳录用决策。

分析求职者反应

组织和面试官需要依赖有效的面试过程做出最佳录用决策。因此，对于组织而言，面试实际上有两个功能：第一，收集求职者的信息，找到合适的求职者；第二，向求职者展示组织的形象，让他们觉得组织是值得期待的雇主。求职者对组织的印象会极大地影响上岗率，对某组织产生消极印象的求职者不太可能接受组织的录用邀请。这就意味着，组织可能已经投入了大量人力、物力来确定理想的求职者，但是结果却被求职者拒绝了。同时，求职者对组织的负面印象更有可能造成公众效应。研究表明，失望的求职者可能会与朋友、同事和家人分享他们的经验，从而减弱组织对这些人群的吸引力。这种情况在十几年前的信息不对称时代对组织的影响力可能不大，但是在如今这个互联网信息触手可及的时代，社交媒体使人们交往得更紧密，无论是积极的还是消极的信息，信息被分享的速度更快，范围也更广泛。因此，避免给求职者留下不良印象，是组织和面试官需要努力做到的。

试想一下，如果在整个面试过程中，瑞秋对自己与爱丽丝的互动、爱丽丝的提问、整个面试的管理方式感到不满，那么，她便可能给闪耀电子公司一个负面的评价，因而更有可能拒绝公司提供的工作机会。而此时，若爱丽丝评价瑞秋为最合适的求职者，那么，这次失

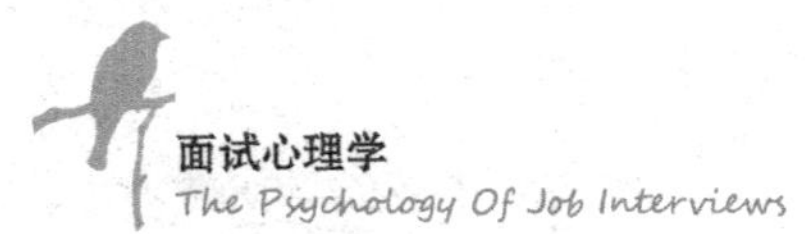

败的面试便是公司的损失。在若干年前互联网还不普及的时代，瑞秋可能只会向身边几个亲近的人谈及自己对闪耀电子公司的感受，但是如今，她很可能会在网上或社交媒体上分享她的感受。她的脸书好友和推特粉丝都会知道她的感受与评价，通过社交媒体，瑞秋对闪耀电子公司的负面评价可能会影响成百上千个人，他们甚至还可能将瑞秋的感受继续分享给更多人。互联网造成的滚雪球效应会让更多人知道瑞秋的感受，最坏的情况是，瑞秋的故事会像病毒一样在网上传播，触动成千上万个人。虽然并不是所有知道这个故事的人都是闪耀电子公司的潜在顾客，但是类似这样的负面声誉影响对公司的发展是不利的。

值得注意的是，面试中的积极反应同样会有强大的传播效应。比如，马克如果对爱丽丝与自己的互动感觉良好，他同样有可能在网络上分享这些美好的感受，从而激励其他人申请闪耀电子公司的工作职位。但是心理学和营销学研究都证明，负面故事比正面故事更容易通过口碑和社交媒体得以传播。因此，组织和面试官需要采取措施尽力确保在面试过程中给求职者留下积极的印象。

在过去的几十年里，心理学研究者们关注了求职者对不同选拔方法的反应，以及选拔技术、文化特征和个人特质对这些反应的影响，他们认为，工作面试通常与积极的反应相关。一项针对 17 个国家的多样本研究结果表明，工作样本测试和面试是各国通用的人才选拔方法，分别排在第一位和第二位。同时，与其他认知能力和技能测试选拔方式相比，求职者也更青睐通过面试展现自己的相关能力。可以说，在组织资源的利用、求职者能力的展示以及选拔的有效性方面，面试都是非常有优势的方法。求职者通常认为，面试能够给他们提供足够的机会展示相关素质，以证明自己将来能够胜任工作。因此，我们甚至可以将面试看成求职者未来工作绩效的预测手段。同时，面试是唯一面对面的选拔方法，因此，面试也被称作“最温暖的选拔方法”。

影响求职者对组织积极反应的关键因素之一是人才选拔的公平性，对于面试而言，尤其如此。研究表明，公平的面试需要确保程序和结果都具有公平性，组织在整个面试过程中要确保为每名求职者提供足够的信息，并确保每名求职者都有足够的机会展示个人的品质和特点。如果面试是公平的、无偏见的并且求职者有足够的展示机会，那么，这样的面试可能被认为是公平的。换句话说，如果求职者认为面试是公平的，那么他们会认为被录用的人确实是众望所归的；而如果他们认为一个并不符合要求的人得到了工作，他们则会认为面试是不公平的。

但是，并不是所有的面试都能因为标准化而带来积极反应的。通常，求职者会认为与结构化面试相比，非结构化的传统面试更难，因此，他们的反应可能更消极。这就形成了有趣的面试悖论。也就是说，一方面，结构化和标准化以及行为面试在客观上是更好的选拔方法，因为这些方法更能够帮助组织和面试官可靠、有效地评估求职者，并预测求职者未来的工作绩效；但是另一方面，求职者却更青睐非结构化的面试。目前，学者们还未找到一组完美的面试组合，既能确保招聘的有效性，又能确保求职者对每个选拔方法都满意。但是，有两个方法值得一试。首先，面试官应该向求职者清楚地说明面试的目的、特点以及可能使用到的面试方法。比如，爱丽丝可以在面试开始时就向求职者介绍，她会问一些关于过去经历的问题，或者会给定一些假设的场景来评估求职者的某些关键素质。其次，面试官应该在面试开始时为求职者的回答提供一些指导。比如，爱丽丝可以指导求职者利用我们在第二章提到过的“情境—任务—行动—结果”格式来回答关于过去经历的问题。

拒绝的礼貌与技巧

组织往往非常注重与被录用的求职者的沟通，并且会花费大量精力在这些面试表现出色、被评价为适合岗位的人身上。从短期来看，这种行为无可厚非，因为组织招聘工作的关键就是找到并录用合格的求职者。但是，正如我们提到过的关于社交媒体的重要性的案例所示，被组织拒绝的求职者也不应该被忽视。试想一下，若爱丽丝对马克和瑞秋都不满意，那么，此时爱丽丝是否应该直接告诉他们被拒绝的结果？此外有没有能更好地表达拒绝的方法呢？爱丽丝是应该简单地声明马克和瑞秋不合适，还是应该提供详细的解释来证明她的决定是正确的？被拒绝的求职者往往都想知道他们为什么没被录用。但是，心理学研究表明，求职者对被拒绝的反应往往非常复杂。

正如我们在本章前面的内容中所强调的，不论是否被录用，求职者通常都希望得到反馈。而当求职者真正收到通知时，他们又会根据这个通知来评估组织是否确实履行了相关义务，确保了他们的权益。从这个角度来说，如果面试官忽视了通知被拒绝的求职者这一程序，那么他可能会被认为没有切实履行相关义务。一项研究对比了三组求职者的反应。一组是自认为会被拒绝的求职者，一组是已经被组织告知不会被录用的求职者，一组是已经被拒绝但是从来没收到过相关通知的求职者。大多数没接到任何通知的求职者对组织的印象更消极，他们普遍认为组织没有履行相关的义务，并且表示将来不愿再申请该公司的职位。而那些被组织明确拒绝的求职者，对组织的印象则并不是特别消极。因此，我们应该提醒爱丽丝，一旦她做出决定，无论是什么决定，她都应该一一告诉瑞秋和马克。

但是，关于拒绝的技巧并不仅是如此简单。有关拒绝的决定会引发求职者的两种反应。一方面，他们会据此评估面试的公平和公正性，以及组织作为雇主对他们的价值所在；另一方面，他们会根据组织的评价来调整自我评估。研究表明，提供关于录用决定的解释有助于增强求职者的公平感。因此，爱丽丝应该向马克和瑞秋解释为什么他们没被录用，并就他们的面试表现提供反馈。如此，马克和瑞秋可能会感受到爱丽丝的真诚，并对闪耀电子公司继续保持良好的印象。同时，他们可能会利用爱丽丝的反馈信息来重新评估自己的自我价值和自尊。比如，如果爱丽丝告诉马克他被拒绝了，那么马克可能会据此认为“这次面试我的表现不好或不够好”，进而反思自己在面试中的表现，为下一次面试做更好的准备。另外，被拒绝的求职者也可能产生一种自我保护心理，比如指责组织，认为是面试官或其他外部因素造成了他的面试失败。心理学研究表明，在生活中，个体倾向于对失败做外部归因。如果爱丽丝向瑞秋发送没有被录用的通知，瑞秋的反应可能是：“真糟糕，或许另一名求职者比我更有经验”。但是，如果面试官提出的拒绝理由非常明确，求职者就很难对失败做外部归因。如果爱丽丝明确地告诉瑞秋和马克他们不具备胜任这份工作的资格，包括缺乏分析能力或解决问题的能力等，此时，两位求职者就很难将面试失败的责任推卸到组织、爱丽丝或其他求职者身上。一项研究比较了两组求职者的反应。第一组得到的是简短而标准化的拒绝信息，信息显示他们的分数低于最低录取分数线。第二组获得了关于面试表现的更详细的绩效反馈。研究表明，第二组求职者产生了更多负面情绪，他们认为这样的拒绝反馈让他们感到很挫败。因此，我们可以得出结论：爱丽丝应该向马克和瑞秋解释他们为什么被拒绝，但是她应该在拒绝通知中详细说明做出决定的过程，而不是详细说明求职者的弱点和缺点。

跨文化面试

在全球化背景下，像瑞秋和马克这样的面试者可能会在诸多与自己的文化背景不同的面试环境中参与面试，他们甚至可以在不同的国家申请工作，也有可能他们是在本国申请的工作，却被一家跨国公司派往另一个国家或地区工作，这就需要执行标准化的面试实践，以确保跨国界或跨地区面试的有效性。同时，求职者也有可能面对来自不同国家或有不同文化背景的面试官。那么这种跨地区、跨文化的面试与我们在前文中提到的面试有何不同呢？首先，最重要的文化差异来自国家层面的规范，这些规范对各地的面试实践具有显著不同的影响。

其次，不同国家的面试方式也存在差异。接下来，我们将详细描述这两种差异。

文化差异、社会规范和面试实践

面试是世界上最流行的人才选拔方法之一。无论是哪个国家的人才选拔，都会包含某种形式的面试。同时，求职者对面试等选拔方法的反应在不同的国家也非常相似。但是，面试实践中的差异还是存在的，主要原因在于不同国家和地区有着不同的社会价值观，这些价值观影响着组织和人们的态度、信仰和行为。20 世纪 80 年代，社会心理学家吉尔特·霍夫斯塔德（Geert Hofstede）针对 IBM 分布在世界各地分支结构的员工进行了调查。研究发现，由于文化差异，不同的地区组织中，权力分配方式有着显著的差异，人们对不确定性的反应也有着极大的差异性。有的文化关注个体和直系家庭成员，有的文化关注社区群众，有的文化关注合作，有的文化关注竞争。继吉尔特之后，越来越多的学者对不同背景和文化存在差异下人们的态度和行为进行了研究，并建立了诸多关于文化差异的模型，比如全球文化维度模型、施瓦茨价值观模型、高情境和低情境沟通文化模型等。由于组织和面试官的行为与其所处的文化环境和所拥有的价值观息息相关，因此，不同的文化因素对面试的设计和执行有着巨大的影响。跨国公司应该关注一个特定的面试形式在不同文化背景下遇到的阻力，关注分支机构当地的文化价值观和偏好，注意避免冲突。

有学者对20多个国家的面试形式和内容进行了研究，并分别关注了小组面试和独立面试两种形式。研究发现，大多数国家更青睐一对一的面试方式，这一情况在拉丁欧洲国家尤为突出，比如法国、意大利、西班牙、希腊等。而小组面试在澳大利亚、英国、爱尔兰、荷兰等地更受欢迎。同时，拉丁欧洲国家青睐多次面试，平均面试次数达到3次，而北欧国家的面试次数较少，平均只有2次。因此，如果瑞秋和马克到英国参加面试，他们很可能会被面试一两次。但是，如果这份工作在意大利，他们便可能被三四个人单独面试。不同国家在结构化面试的一些关键要求上也有所不同。比如，针对不同的求职者提出的关于岗位资格的相同问题，不同地区的面试官使用这些问题的比例差距很大，意大利为10%，澳大利亚为59%，德国为17%，英国为 34%。有趣的是，文化类似的国家采取的面试方式也并不一定相同。比如，加拿大的面试官比他们的“邻居”——美国的面试官更热衷于提出一系列固定的问题，这一情况用数据表示，比例分别为 55% 和 35%。

文化差异也可能影响面试官的性别、面试中被提到的问题类型或面试后得到工作的机会。比如，一些文化比较重视性别平等，因此女性成为面试官的可能性很大。如果瑞秋和马克申请美国的工作，女性面试官出现的概率为 50%。女性当面试官的情况很可能出现在高度重视性别平等的国家，比如比利时、俄罗斯等，而不太可能发生在因为角色需要而对性别有要求的传统的国家或地区。总之，尽管研究表明，不同国家的面试实践存在巨大差异，但是，并没有哪些面试方法只能在哪些国家被使用的规定。换句话说，如果马克在英国参加了两家公司的面试，那么很可能他需要面对两种不同的文化差异，就好比身处两个国家进行面试一样，只不过面试官使用的也有可能是同样的面试方法。

有关面试立法的国际差异

除了面试的国际差异，各国关于就业的立法（由此约束面试官的行为）也存在差异。首先，各国在反歧视法和就业公平等方面存在差异。大多数国家都有群体和阶级的划分，这些群体和阶级受到保护，不允许被歧视，因而人们尤其需要保证这些群体和阶级受到公平对待。这就意味着面试官在面试实践过程中，要注意提问的类型和方式，以免伤害到这些群体和阶级的人。在某些情况下，如果对两名有相似资格的求职者进行面试，那么组织可能需要对属于少数群体的求职者给予更多关注。比如，性别和种族歧视在大多数国家是非法的。但是在不同的国家，这些群体受到的保护程度可能是不同的，因此不同国家关于面试行为的合法性都有着各自独特的规定。在加拿大，土著血统的求职者受到保护，不受歧视，而且立法规定联邦监管的组织必须雇用一定比例的土著血统雇员。因此，在加拿大，面试官可能更倾向于选择有土著血统的候选者。在瑞士，有四种官方语言，因此当地人认为自己的母语是必须受到保护，而不允许被歧视的语言。在印度，某些种姓或部落的求职者不需要被面试官严格按照面试标准进行评估。在法国、比利时和西班牙，权威组织成员和工会成员受法律保护。总的来说，每个国家都有一套独特的反歧视法律。

其次，对于面试中的言行，有些国家有着非常严格的法律和规范，这能帮助组织避免因为歧视被索赔或承担违反法律的后果。在美国，如果组织不能证明面试评估和录用决策与工作相关，那么，组织就很可能会遭到那些被组织拒绝的或对组织不满意的求职者的起诉。而在法国和意大利，面试的标准最好是模棱两可或者宽松的，面试官在提问以及求职者评估等方面可以有更多自由。研究显示，像马克和瑞秋这样的求职者，如果在美国参加面试，他们不太可能被问到爱好、个人兴趣和家庭问题，但是在俄罗斯和中国则可能会被问到。

小结

我们在本章对面试实践过程中面试官和求职者的有效行为进行了探讨，分析了求职者要如何充分展现自己的优势和发挥自己的潜力，以及面试官要如何才能优化面试效果。就像我们在本章介绍的主人公瑞秋和马克，如果采用本章提到的方法，关注本章中的知识点，将很有可能在面试中表现完美。

从求职者的角度来看，有效的面试需要求职者能够处理好焦虑情绪，为面试做好准备，提前评估应聘岗位的要求和标准，设定好自己的面试期望。如果求职者在面试过程中表现得过分焦虑，则很可能会影响其面试表现，导致错失工作机会。对于面试官来说，求职者的焦虑情绪可能让他们错失一名有潜力的员工。以瑞秋和马克为例，他们可以尝试用情绪导向或问题导向的策略来减轻焦虑感。比如，在面试前和朋友们一起讨论自己的焦虑感，提前思考如何回答面试中可能被问到的问题，参加一些活动收集组织的信息，阅读相关书籍或参加相关培训课程等。理想的情况是，瑞秋和马克应该学习一些关于电子产品工程师的工作描述，思考自己过去相关的工作经历和取得的成就，思考面试过程中可能会被问到的问题，并准备好这些问题的答案。同时，如果他们能够更好地识别出组织对某些品质（包括知识、技能和能力）的要求，那么他们在做面试准备时将更有针对性。最后，瑞秋和马克应该基于个人的情况设定合理的面试期望，过高的期望和过低的期望都可能影响他们在面试中的表现，从而影响面试官对他们的评价。需要强调的是，所有这些准备工作都是通过信息收集来实现的。在这个过程中，面试官也扮演着重要的角色，他们可以帮助求职者提前获得某些信息。

从面试官的角度来看，有效的面试需要面试官及时关注求职者的反应，确保面试过程的公平性。尽管与其他人才选拔方法相比，人们更看好面试的积极性和有效性，但是面试官需要明白，他们必须对求职者给予应有的尊重。他们应该想方设法让求职者明白，面试过程中为什么要问有关过去工作经历的问题或经设计的情境问题，为求职者该如何做出回答予以有效指导。面试结束后，面试官应该将结果告知求职者，并应该谨慎对待被拒绝的求职者，以免被拒绝的求职者通过社交网络分享他们的挫败感和有关组织的负面信息，从而影响组织的声誉。有关拒绝的决定应该是合理的，但是应该把拒绝的重点放到面试的过程上，要避免针对求职者的弱点提出拒绝理由。

最后，不同的国家所认同的有效面试方法也是不同的。尽管全球化促进了企业的标准化，并且我们在本章所提到的诸多方法在世界各国都有所应用，但是关注文化和法律上的差异对面试的影响也是非常必要的。比如，谁应该进行面试，应该由多少人组成面试官队伍，面试过程中提出的哪些问题可以被接受而哪些问题不应该被提及，在欧洲、北美洲或亚洲的不同国家和地区的工程师的岗位要求有什么不同，应该用哪些不同的评估标准等，这些都是我们需要关注的问题。

第四章

面试官与求职者角色

面试目标

路易斯（Louis）是一家能源工程公司的人力资源经理，今天他要面试瑞秋和马克。瑞秋认为自己在未来科技公司的面试很成功，但是很遗憾，她没收到任何回应，她认为在闪耀电子科技公司的面试很不理想，所以她对能否被录用并没有多大把握。而马克前两次的面试情况似乎更糟糕，他甚至认为前两次面试都是失败的。因此，两位求职者都特别期待能够在第三次面试时表现良好，期待能够得到这家能源公司的工作机会。路易斯虽然是面试官，但是目前他的处境也并不理想。在前不久的一次比赛中，一批有才华的工程师被其他机构看中离职了，因此，在未来几周内，路易斯需要尽快招聘到合适的求职者来接替这些工程师的工作，而且，路易斯上次录用的一名雇员伊芙（Eve），由于在面试过程中夸大了个人的优点和胜任素质，导致路易斯对她做出了错误的录用评价。伊芙上岗后接手了第一个重要客户，而正是她使公司错失了这个重要客户，因此，上岗两周后，公司解雇了她。

总之，路易斯与两位求职者所面临的挑战导致即将到来的面试的局面变得复杂。从求职者的角度来看，瑞秋和马克到目前为止已经经历两次失败的面试，他们的求职压力越来越大，他们需要迅速找到工作，如果失业，可能连生存都会变得艰难，而且，与众多竞争者一起竞争寥寥可数的几个职位，似乎需要使出浑身解数才能增加被录用的概率。因此，他们两人都想在面试中给路易斯留下良好的深刻印象。为了获得工作机会，他们可能会使用各种策略（包括心理学中的印象管理策略）来影响路易斯在面试中对他们的评价。从组织的角度来看，路易斯的压力是必须尽快找到合适的求职者，以尽快填补现在的岗位空白。因此，他可能也会对印象管理策略感兴趣，并想方设法营造公司优质的雇主形象，以吸引优秀的求职者接受后续的工作机会。与此同时，鉴于对伊芙错误录用的教训，他将尽力确保所录用的求职者是确实符合岗位要求的。因此，他可能对此次前来面试的求职者的表现持怀疑态度，并会尽力做好准备去发现瑞秋、马克等求职者在面试过程中夸大的或欺骗性的陈述。

事实上，这种情况并不罕见。在人才选拔过程中，面试官和求职者的立场及目标是完全不一致的。因此，在本章中，我将对适合求职者和面试官的印象管理策略进行详细介绍。首先是适合求职者的印象管理策略，包括如何利用这些策略展示自己的品质，如何赞美面试官或组织，如何保护好自己作为求职者的良好形象。虽然印象管理策略的本质在于挖掘求职者的真实潜力，但是它也具有一定的欺骗性（也叫作“求职者炫耀”）。比如，为了给面试官留下好印象，求职者可能会夸大其词，编造故事或隐瞒某些重要信息。本章还将介绍印象管理策略的特点与个人特质以及求职者所面临的处境的关系，如何影响面试结果等。其次，适合面试官的印象管理策略将帮助面试官学会展示公司以及个人的形象，影响求职者将来接受录用邀请的意愿，以及识别求职者面试过程中夸大其词的信息。

求职者的印象管理策略

求职者可使用的印象管理策略

如果瑞秋和马克希望在此次面试中给路易斯留下深刻的印象，他们可以怎么做呢？求职者在面试中可以使用的三种通用策略有：自荐、迎合、防御。

自荐时，求职者务必要确保积极乐观地展示自己的知识、技能、能力或成就。想象一下，路易斯让瑞秋描述一个她过去领导团队工作的经历，而瑞秋决定描述她在学校工程学学生协会担任副主席时候的情况。她可以淡化自己的领导角色，突出团队成就，以恰当的方式来阐述自己的组织能力和领导能力；也可以以自我推荐的方式强调她的角色和工作有多么重要，描述她负责的主要项目，强调她独特的领导风格，强调她是如何激励团队的，并强调她对这些成功项目的关键贡献。后者这种自我推荐的方式，看起来是回答面试问题的合乎逻辑的方式，而且也确实是目前最流行的印象管理策略。研究表明，求职者在每次面试中使用自我推荐的次数平均超过 30 次。当然，并不是所有求职者都青睐这种方法，有些人喜欢保持谦虚，在突出团队成就的情况下展示自己的努力。

第二种可以采用的印象管理策略是迎合。自荐的重点是求职者自己，而迎合刚好与自荐相反，它的重点是面试官或招聘机构。迎合的时候，求职者会把注意力集中在面试官身上，目的是与面试官建立某种心理连接。想象一下，马克走进路易斯的办公室接受面试时，立刻注意到一个架子上放着许多小机器人。马克便可以依据办公室的装饰风格推断出路易斯喜欢机器人。我们在第二章提到过，马克在学生时代参加了机器人竞赛。于是，马克可以在自我介绍时使用迎合策略来突出自己对机器人的喜爱，强调他与路易斯之间的共同兴趣；也可以在回答后面的面试问题时，策略性地提到他在机器人竞赛中的经验来突出自己的爱好；他甚至可以试着赞扬面试官，强调他对路易斯收藏的机器人的由衷赞美；或者认同路易斯关于机器人是工程学的未来的某些说法等。所有这些策略都可能帮助马克创造与路易斯相似的印象。心理学研究表明，面试官更倾向于录用与他们相似的求职者。因此，马克的迎合策略可能会使路易斯对他的面试评价更积极。

另外，求职者在使用迎合策略时也可以将自己与招聘机构联系起来，强调个人的价值观、信念和动机与组织的价值观、动机之间的拟合度，目的是提高我们在之前章节提到过的个人—组织（或P-O）拟合度。假定路易斯所在的能源工程公司是一家注重环保的公司，主打产品是以可持续能源为基础的汽车发动机，并鼓励员工对能源予以循环利用。而瑞秋碰巧分享了这些价值观，她提到她经常在家里做一些物料回收工作，空闲的时候，自己会去当地的公园打扫卫生和植树。这样的分享强化了她的价值观与能源工程公司价值观之间的高拟合度。接着，她可以继续描述自己的志愿者经历，回答某些关于团队精神的问题，并突出她在绿色环保方面的想法和贡献。通过迎合，瑞秋将让路易斯相信，在核心价值观方面，她是一个几乎完美的求职者。

第三种印象管理策略是防御策略，它被求职者用于美化或塑造自己的形象，尽力让面试官相信自己是有能力且合适的求职者。相对于主动策略，比如自荐和迎合，采用防御策略的求职者将更加被动，只有在真正需要的时候，求职者才会使用后者。比如，当面试官对他们的能力或诚信提出质疑时，求职者必须提供理由、借口或以道歉的方式来做出回应。假设路易斯注意到马克提供的大学成绩单上的工程设计课的成绩非常低，那么马克就需要做出解释。马克会感到自己的形象因为这个问题受到了威胁，他会被迫为自己的低分数辩护。比如，他可能强调教授特别严格，他的成绩虽然低，但仍然处于班级平均水平。通过这种防御，马克可能会让路易斯认为这个低分数并不影响马克的学习能力或其他能力，由此可以防止路易斯因为这门课的分数对马克的印象打折扣。同样的方法也可以用在关于离职的提问上。比如，求职者可以回答未来的升值空间有限，或者希望重新定位自己的职业等。可以说，一个人过去的经历或行为中的消极面有时是很难被抹去的。通过使用防御策略，求职者或许并不能完全消除面试官的疑虑，但是可以通过展示自己勇于承担责任、从错误中吸取教训等，减轻这些消极面对面试的影响。比如，瑞秋在十几岁时做了一份兼职工作，但是后来她被解雇了。为了维护自己的形象，瑞秋可能会承认自己犯了一个错误，因为连续迟到了多次而被辞退。但是当时她还很年轻，不善于时间管理，没有很强的时间观念，后来她努力做出了改变，而且在最近的工作经历中，她再也没有犯过类似的错误。

除了上述三种语言印象管理策略，求职者还可以使用非语言策略。一般来说，人们可以根据面试的实际情况来策略性地控制或调整他们的行为方式。比如，在与路易斯进行交流时，马克可以时不时地露出微笑，经常和路易斯进行目光接触，或者倾听路易斯说话时点头示意等。求职者通过对这种非语言和语言策略的搭配使用，可能会使陈述变得更有说服力。如果瑞秋在描述个人的领导经历时，与路易斯保持眼神交流，并以自信的微笑结束做答，那么她的回答可能让路易斯觉得是可信的。

欺骗性的战术和伪装

我们在前文中所描述的策略通常与求职者的期望行为相关。事实上，面试官也期待求职者能够努力提升面试品质，做高质量的自我展示，学会适当地迎合面试官，并且在必要的时候维护自己的形象。但是，只有当这些行为与求职者的真实品质一致时（包括潜在的弱点），面试官才会接受求职者的策略性的印象管理陈述。遗憾的是，过去 10 年的心理学研究表明，求职者的回答并不总是真实可信的。在一项研究中，81% 的求职者承认他们在上次面试过程中至少说了 1 个谎，并且每次面试平均说 2.19 个谎。更准确地说，除了诚实的印象管理策略外，求职者也可能采用欺骗策略或伪装造假策略。求职者是否诚实，对面试的影响是非常大的。面试官需要的是求职者的真实信息，而欺骗意味着求职者只是假装自己具备某种素质。

想象一下，路易斯需要评估马克的主动性，于是让马克描述一段类似的经历。马克回答道：“去年夏天我在电信公司工作时，我的经理让我和他一起参与了一个重要客户的项目。作为项目的参与者，他让我为一件电信设备设计一个新方案。工作之余，我花了好几个小时思考这个设计，调研竞争对手的相关产品的样式，并圆满完成了任务，同时保证了这个方案具有一定的原创性。我的经理很喜欢这个设计，并把它推荐给了客户。客户非常满意，并采纳了这个设计方案。从那以后，一些先进的电信设备公司和我们的其他十几个重要客户都相继使用了这个设计”。在此，人们会认为马克提供了一个令人信服的答案，他采用的是自我推荐策略，以突出自己获得成功的经历。如果马克的回答是 100% 真实的，也就是说他运用的是诚实的印象管理策略，那么此时我们可以很容易就推断出，马克具有主动性。但是如果马克的回答并不完全真实呢？比如，他可能稍微夸大了他的成就，把所有的功劳都归功于一个团队的努力，或者夸大使用设计的后续项目的数量，甚至有可能整个故事都是他编造的，或是从同事那里偷听偷看来的。基于这种部分或者是完全伪造的信息，路易斯就有可能会高估马克的主动性。

另外，值得一提的是求职者可以采取不同的方式来对面试官进行欺骗性的印象管理。工业心理学研究表明，我们在前文中提到的“自荐、迎合和防御”这三种印象管理策略，都可以以诚实或欺骗的形式存在。有些研究者将自荐这种潜意识的自我推销方式称作“形象创造”，它指美化、创造或借用知识、能力、技能、经验来使自己看起来更适合某一份工作。而迎合也可以是欺骗性地讨好，假装认同面试官或公司的价值观及观点，即使求职者实际上并不认可或并不是发自内心地赞美某些观点。比如，瑞秋看到路易斯的机器人系列后，假装对机器人很着迷，而事实上她对这个话题并不感兴趣。马克可能在了解到路易斯所在的这家能源工程公司很关注绿色环保这个主题后，便可能假装自己也重视绿色环保，并分享某些符合这一主题的价值观，尽管他可能根本就不关心环保问题。在这两种情况下，求职者都使用了欺骗性策略，以便在面试官的脑海中创造出一种假想的相似感。此外，求职者还可以使用欺骗性的防御策略，也称作“印象保护策略”。

这种策略意味着求职者可能会省略或故意掩盖某些可能损害他们形象的负面信息。比如，瑞秋并没有提到她之所以被解雇是因为犯了错误不愿意承担责任，而是欺骗面试官说是她自己主动选择辞职。虽然不是所有的求职者都会采取欺骗性的印象管理策略或采取某种程度的隐瞒、伪装策略，但是研究表明大部分人有过类似的经历。一系列针对美国大学毕业生的求职调研发现，在上一次面试中或多或少采取过欺骗或隐瞒、伪装策略的毕业生的占比为 65% ～ 99%。

印象管理策略的影响因素

在心理学研究领域，有一个话题一直颇受研究者关注：人们的能力、态度和行为是与生俱来的还是后天习得的？一般的结论是：两者都有。例如，一个人的性格受遗传因素影响，但是也受教育和环境的影响，而且在个体长大后会变得相当稳定。在此基础上，许多心理学研究者开始关注其他因素的作用，行为是由性格、智力和核心价值观等稳定的个人特质促成的，并取决于个体所面临的环境和情况。研究人员基于求职面试中运用印象管理策略的案例，对求职者是否因为其独特而稳定的个性或价值观而使用这种策略，或是否会因为面试的方式、求职者所处的更广泛的背景（比如压力影响）等而使用这种策略进行了调查。对这个基本问题的回答仍然是“两者都有”。更准确地说，研究人员倾向于同意候选者之所以使用印象管理策略取决于三个因素：一是动机、意愿；二是他们有效地运用这些策略的能力；三是运用这些策略的机会。意愿和能力可以部分归属于求职者的个人特质，但是也受文化因素的影响；而机会则更依赖于面试的环境和方式。

先来看看个体特质。如果求职者在求职过程中更倾向于使用印象管理策略，尤其是欺骗性策略，那么这样的求职者有哪些个人特质？有趣的是，到目前为止，除了外向型性格特征的人更倾向于选择运用诚实的印象管理策略这一结论外，其他有关诚实的印象管理策略与个人特质之间的相关性仍然没有得到证实。但是，却有足够多的证据表明某些个性特征或具有某些稳定特征的求职者会使用欺骗性策略。因此，我们可以大概描述一下，在面试过程中可能造假的求职者的情况。我们假定他是“骗子山姆”。山姆倾向于表现出较低水平的核心人格特质（责任心）。这就意味着山姆其实并不是特别自律、谨慎和遵守纪律的人。同时，山姆还表现出低水平的诚实以及高水平的马基雅维利主义（Machiavellianism）和自恋，它们是黑暗人格的两个方面。马基雅维利主义一词出自意大利政治家、作家尼克罗·马基雅维利（Niccolò Machiavelli），他以描述政治中的欺诈和操纵的有效性而闻名。作为一个马基雅维利主义者，山姆会毫不犹豫地操纵他人以实现个人目标，也会毫不犹豫地采取欺骗性的印象管理策略，以提升他在面试中成功的概率。“自恋”一词源自纳西塞斯（Narcissus），希腊神话中的一个年轻角色，他爱上了自己的映像。由于山姆是自恋的，因此山姆也是自私的，他超乎寻常地爱慕自己，并试图寻求其他人的认同，因此，他可能会使用欺骗性的策略以便从面试官那里获得更多肯定的评价。山姆还可能拥有超乎寻常的竞争世界观，他认为世界就像一个丛林，每个人都必须为获取稀缺资源而战。因此，山姆会把面试看成一场竞争，他会想方设法不惜代价将这份工作从另一个求职者手中夺走。山姆的这种性格，对于面试官和公司来说，其实是非常有趣的。心理学研究者发现，山姆的个人特质不仅与面试中的欺骗行为有关，还与工作表现较差、从事其他反生产行为或某些不受欢迎的行为有关，比如旷工、偷窃等。简单地说，骗子山姆并不是组织需要的员工。

印象管理策略的运用也会受到文化规范和价值观的影响。尽管大多数最初的相关研究都是针对北美的，但是最近的研究也延伸到了国际层面，探索出了有趣的国际差异和跨文化差异。

最后一种可能影响求职者使用印象管理策略的因素是面试形式。路易斯是否有办法在面试中采用最精确的策略，同时又能够防止马克和瑞秋，甚至是像山姆这样的求职者采取欺骗性面试策略呢？事实上，路易斯是否会给求职者创造欺骗性面试的机会取决于他的提问。如果路易斯向马克提出一个有关过去经历的行为性问题，比如“当……时，请讲讲你的实例”。马克会据此描述自己的过去经历，他甚至可以自己编造一种成就来进行自我推销。同样，如果路易斯向瑞秋提出的问题是情境性问题，比如“想象一下……你会怎么做？”此时，瑞秋也就有机会确认组织喜欢什么样的行为，有着什么样的价值观。比如，若组织看重个人的亲和力，那么，此时她便可能迎合组织的这些需要采取欺骗性的策略。

虽然没有什么灵丹妙药可以完全阻止求职者使用欺骗性的印象管

理策略，但是面试官还是有机会尽量限制求职者的欺骗行为的。比如，路易斯可以邀请同事组成面试小组，采用更标准化的面试方法，更多地使用行为和情境面试问题等，这样求职者采取欺骗性策略的概率就会大大降低（尽管不能完全消除）。同时值得注意的是，面试过程中对某些问题的深入追踪和探究，也有可能导致求职者使用欺骗性策略。

印象管理策略和面试结果之间的关系

由于大多数面试者在面试过程中都会或多或少运用到印象管理策略，因此，一个关键问题是，这种策略是否会影响面试结果？答案是“是的”。总的来说，运用印象管理策略很可能对求职者有利，因为这能使面试官对求职者做出更肯定的评价。但是，这种影响力的大小还取决于求职者使用的策略的类型。自荐策略对面试官的评价影响最大。因此，马克和瑞秋可以着重强调他们的品质、经验以及过去所取得的成就，以便给路易斯留下更深刻的印象。迎合和防御策略以及其他非语言策略都可能带来更多正面评价，但是效果会比自荐策略差一些。

欺骗策略的影响又如何呢？目前针对这一领域的研究还处于起步

阶段，不同的研究人员得出了不同的研究结果，这些结果甚至并不完全一致。研究发现，夸大性的自荐策略与积极的结果正相关，而欺骗性的防御策略却与积极的结果负相关。现在，我们来看看马克、瑞秋和山姆的案例。马克如果决定不使用任何印象管理策略，而是诚实地提供自己的所有信息，那么他获得积极结果的概率为30%；瑞秋如果只使用欺骗性的防御策略，通过隐瞒负面信息或经历来保护自己的形象，那么她获得积极结果的概率为10%，这个概率是马克的1/3；山姆如果综合运用各种印象管理策略，夸大或编造自己的品质和成就，让自己看起来更合格，那么他得到积极结果的概率则可能为75%，这是马克获得工作机会的概率的2.5倍。

现在，我们来总结一下欺骗性策略，看看上述数字的重要性。（1）虽然并不是所有的求职者都会使用欺骗性策略，但是不容忽视的是，大部分求职者在面试中使用了各种手段。（2）像骗子山姆这样的求职者缺乏责任心，而责任心正是从事任何工作所必备的素质之一。他们不诚实、不择手段而且自恋，这些性格倾向会导致他们在工作中的表现与责任心背道而驰。（3）使用欺骗性策略的求职者往往欠缺与工作相关的某种能力或技能，因此，他们与那些诚实的求职者相比，前者更难胜任相关工作。（4）他们在面试过程中采用欺骗性手段，很可能会起到迎合面试官的作用，并给面试官留下积极的印象，因而更可能获得工作机会。因此，组织往往面临着类似这样的问题：使用欺骗性策略的求职者获得了工作机会，而那些诚实的也许能更好地胜任工作的求职者则被淘汰出局。同时，欺骗性策略也使得面试官无法准确可靠地评估求职者的能力，并准确预测他们将来的工作绩效。换句话说，欺骗性策略减弱了面试的有效性和可靠性。遗憾的是，心理学界才刚刚开始关注这一领域，并有意识地积累相关经验证据，以证明欺骗性策略可能带来的风险，因此，目前我们仍然无法提出有效的解决方案来消除这一威胁。

印象管理策略的识别

那么，企业该如何解决或减少这种欺骗性的情况发生呢？从理论上来说，最简单的办法就是依靠面试官对求职者的欺骗手段进行识别，区分他们的诚实的和欺骗性的意图，以及何时会使用印象管理策略，从而对使用欺骗手段的求职者给予较低的评价，或者在筛选过程中直接淘汰他们。换句话说，面试官得依靠路易斯的精准识人能力来淘汰像山姆这样的求职者。如果你去问一些像路易斯这样有过多次面试经历的面试官，他们一定会说他们可以做到，他们可以看穿骗子的手段，戳穿他们的谎言。不幸的是，心理学研究结论较为悲观。就像汤姆·汉克斯（Tom Hanks）在史蒂芬·斯皮尔伯格（Steven Spielberg）导演的电影《猫鼠游戏》（*Catch Me if You Can*）中拼命追逐莱昂纳多·迪卡普里奥（Leonardo DiCaprio）一样，面试官试图识别求职者的欺骗性手段的过程是一段艰难曲折的征途。

我们将通过列举一个基本的问题来对上述情况进行说明：当一个人在社交场合说真话或说谎时，我们能够准确地察觉到吗？通过研究过去几十年积累的大量关于欺骗性的案例资料，研究人员发现，平均54%的人可以做出正确的判断。这意味着什么呢？想象一下，你看到了100个非常短的视频，在这些视频里，每个人描述了发生在他们身上的事情。人们在看完每个视频后被问道：“这个故事是真的吗？”人们平均答对了54个，而平均答错了46个。这个分数看起来已经相当不错了。但是考虑一下这种情况：不要去判断故事是否真实，而是在每个视频结束之后抛硬币决定结果。硬币的正面代表真实，反面代表谎言。那么，使用投币策略，你将得到50%的正确答案。50%是研究人员所提出的随机水平，这就意味着，当涉及对欺骗性的判断时，人们的判断正确的概率并没有明显高于随机水平。有趣的是，即使是那些在日常工作中就需要识别欺骗性行为的人，比如警察、联邦调查局特工、法院法官等，他们的平均得分也接近50%。

现在，我们来探讨在特定的面试环境下，如何识别欺骗性策略。一般来说，面试过程中的印象管理策略识别比区别真实/谎言的情况更为复杂。因为求职者可能不会使用任何印象管理策略，完全诚实地面试，他们更可能会使用诚实和欺骗混合的策略，或多或少运用欺骗性策略。因此，面试官不仅要对是非对错进行评估，而且要考虑求职者在回答面试问题时可能使用的各种策略。最近的研究证实，对于面试官来说，发现面试中的印象管理策略是一项艰巨的任务。我们进行了一项研究，来模拟面试官试图在面试过程中识别印象管理策略时发生的情况。首先，我们录制了整个面试过程，然后让求职者观看他们面试的视频，并准确地报告他们使用印象管理策略的时间，以及他们使用的印象管理策略的类型（诚实还是欺骗）。后来，我们让经验丰富的专业面试官观看这些录像片段，并要求他们实时识别求职者何时使用了印象管理策略以及使用了何种策略。结果极具戏剧性：面试官平均准确地识别求职者使用印象管理策略的情况只占20%。有趣的是，我们对一些没有经验的商学院和心理学专业学生进行了重复研究，他们正确地识别印象管理策略的概率与专业的面试官接近。虽然这些研究的结论是基于实验室的录像得出的，但是我们却得到了与实际工作中的面试相似的结果。我们对在多家招聘公司采集的样本进行了研究，并要求求职者报告他们什么时候会使用印象管理策略，并让面试官谈谈他们对求职者使用印象管理策略的看法。我们发现面试官的看法和求职者的行为是不一致的。

也就是说，像路易斯这样的面试官很难准确地发现瑞秋或马克这样的求职者是否使用了印象管理策略。但是，我们能否说，路易斯比索尼娅、大卫或爱丽丝做得更好呢？上述面试研究的结果突出了识别欺骗性印象管理策略的差异。事实上，还是有一些面试官的识别能力高于随机水平的，而另一些面试官的识别能力则低于随机水平。因此，路易斯有可能比他的同事们能更有效地进行面试，尽管他在上次面试过程中的表现并不是完美的。

我们假设路易斯是较出色的面试官，而这是否意味着他拥有独特的个性特征，并能够识别欺骗性策略呢？我们目前针对欺骗性策略的研究表明，没有任何个性特征与之相关，年龄和经验也与面试官是否出色无关。因此，并不是由于路易斯比大卫或爱丽丝经历的面试次数更多，他在面试中的表现就更好，也不是由于他有什么独特的个性特征产生了独特的影响。但是，我们可以肯定的是，较高水平的认知能力和自信在某种程度上能够帮助面试官准确识别出欺骗性印象管理策略。也就是说，路易斯可能比大卫或爱丽丝更聪明，面对求职者使用印象管理策略时更加敏感，无论这名求职者是否值得信赖。遗憾的是，研究证明，聪明和敏感程度也并不能完全解释这一现象，这两点只是其中微弱的影响因素而已。

还有一种可能是，路易斯拥有关于求职者的更多信息以及能帮助他识别求职者欺骗性印象管理策略的线索。时下的各种面试攻略都有关于印象管理甚至是欺骗性策略的介绍，而路易斯读过这些攻略，他甚至懂得什么线索是可以忽略的，什么线索是值得关注的。一般来说，说谎者会有目光游离不定，甚至坐立不安的状况。许多人认为目光的移动方式可以被当作个体是否在说谎的信号。神经语言程序技术显示，求职者的眼珠向右转动表示其正在发挥想象力，此时他们有可能正在思考要如何说谎，而眼珠向左转动则表示其正在努力回忆，此时他们提供的可能是真实的信息。对于面试官来说，依赖这些异常明显的线索来识别候选者不失为一种积极的策略，但却不是一种正确的策略。因为在实际生活中，那些刻板的非语言暗示往往与欺骗无关。

事实上，人们很少能够通过非语言行为来判断一个人是否在说谎，甚至通过这种策略来区分诚实的和不诚实的求职者。比如，在说谎的求职者往往会抿紧嘴唇，或者频繁地抬起下巴，瞳孔扩大，说话时抬高声调等。这些罕见的非语言策略其实是难以察觉的，所以识别起来也很难。对于马克和瑞秋这样的学生来说，路易斯就很难察觉什么时候他们的瞳孔扩大了，而且，研究者发现这些非语言线索往往和欺骗无关，所以，我们的建议是，面试官最好学会忽略这些线索。

然而，与求职者的欺骗性行为相关的语言线索却有很多，而且较容易被识别和察觉。比如，求职者回应的内容和回应的方式等。说谎者的语速通常较快，回答问题时停顿较少，或者在说话时会非常不顺畅。他们回答问题时也倾向于提供较少的关于经验和背景的细节，他们描述的故事会比较客观、缺乏逻辑性。此时，路易斯可以像侦探一样，忽略那些非语言的老套线索，包括令人厌恶的凝视等，而是认真倾听并察觉求职者所提到的内容中的矛盾点，以识别他们描述的故事是否真实，或者他们是否正在虚构一段经历。

面试官的印象管理策略

面试官也是销售人员：面试是一种招聘工具

找到并选择最好的求职者是面试官的职责之一。与此同时，面试官也扮演着招聘者的角色，他应该积极地向求职者推销职位和组织。事实上，他的目标不止是选择最好的候选者，更重要的是，他还要确保被选中的人最终愿意加入该组织。

通过扮演招聘或销售工作者角色，面试官可以从两方面影响求职者的决定。首先，他们可以为求职者提供关于工作和组织的有价值的信息。尽管求职者可能从其他渠道（比如组织的官网等）以各种方式收集了有关组织的信息，但是，面试官提供的信息却有可能更具体、更有针对性，这些信息将可能对求职者产生更积极的影响。当然，面试官不需要在面试的整个过程中都去考虑要如何吸引求职者，他只需要策略性地在适当的时候暗示求职者有关岗位和组织提供的有竞争力的薪酬以及发展机会，组织的价值观是兼容并包的、支持多样性的，是对环境负责的等。像路易斯这样的面试官可以在面试过程中适时地强调能源工程公司对可持续发展的关注，并以此来吸引像瑞秋这样非常重视环境保护的求职者。

其次，面试官代表着组织的形象。由于求职者和公司其他工作人员会面的机会非常有限，因此，他们便可能将面试官当作该组织形象的代表。面试官的行为方式、他们对求职者的态度都可能对求职者产生积极或消极的影响。积极的影响比如专业、能力强、友好等；负面的影响包括缺乏经验、无能和粗鲁等。如果马克认为路易斯是一个热情、有趣、有能力的人，他可能会用这几个特点来评估这家能源工程公司的其他员工。尽管这种评价会带有偏见，甚至其他员工可能与路易斯截然不同，但是由于马克掌握的信息有限，因此他只能将路易斯或面试前接待过他的接待员当作参考对象，并据此形成对组织的印象。优秀的面试官需要时刻提醒自己，他们本人代表了公司或雇主本人，因此，他们需要有意识地给求职者留下特别的印象，包括准时参加面试、做好充分的准备、专业的知识和良好的素养、专业的沟通方式等。

正因为面试官通常代表其所在的组织，并向求职者传递相应的信息从而影响求职者对组织的看法，所以面试官的表现会对优秀的求职者是否最终愿意接受组织的邀请加入组织产生影响。

面试官的策略

与求职者一样，面试官也可以通过使用印象管理策略来影响求职者对自己和组织的评价。面试官可以采取类似求职者的自荐策略，通过适当地展示自己的个人特质、能力和经验等来帮助求职者加深对工作和组织的了解。以路易斯和马克的面试为例。路易斯可以这样开场:“早上好，马克，我是路易斯，现任能源工程公司的人力资源经理。到目前为止，我已经在这个岗位工作 5 年了，面试过许多像你这样来应聘的求职者。而在我的整个职业生涯中，我主持、参与过超过 300 场面试。”通过自我推荐，强调自己在组织中的职位和角色，路易斯表明了自己的立场和身份。通过这个开场白，他同时表达了对马克的重视，因为此时面试马克的是经理而不是助理。通过强调自己的面试经验，他也进一步展示了自己的面试能力。事实上，路易斯还可以进一步采取类似“自我中心”的策略来突出自己在工程知识等方面的专业性，因为马克申请的是工程类的工作，所以路易斯在面试过程中强调自己在这方面的能力和经验，有利于给马克留下更深刻的印象。同时，在面试过程中，路易斯还可以进一步表现出自己幽默的特质，从而向马克传递公司的工作氛围是非常有趣的等信息。

除了自我中心策略，面试官还可以采用组织中心策略。就像我们建议求职者以积极的态度描述自己的品质和成就一样，面试官也可以选择战略性地强调组织的优势，如最近获得的成功以及求职者面试的这一特殊职位的重要性。路易斯在向马克介绍公司时可以这样描述:

“我们公司在过去三年发展得非常快，并且最近成为美国第二大发动机制造商，而我们有望在未来五年内成为美国第一。机械工程师是公司的关键核心岗位，这也是我们愿意为此支付高于市场平均水平的工资，提供各种福利、假期，并支持最好的工程师每年去参加各种国内外会议的原因。”在做介绍的过程中，路易斯刻意强调了公司的实力以及与工程师职位相关的福利和待遇。当然，这种介绍并不意味着公司就是完美的，路易斯也可能策略性地提到过公司的弱点，但是面对如此积极的推荐，马克可能会对公司产生积极的印象，并潜移默化地被该公司的工作岗位所吸引。值得注意的是，除了这些以组织为中心的语言策略，路易斯还可以有意识地使用其他辅助策略来进行印象管理，包括选择有昂贵的家具、墙壁上挂有艺术画、桌子上摆放着精致的食物和饮料的房间来进行面试，从而创造一种积极的面试氛围，通过面试这个窗口，给求职者留下组织是拥有实力的而且是成功的等印象。

如同求职者可能采取讨好策略来给面试官留下良好的印象一样，面试官也可以采取求职者中心策略，诸如采用赞美求职者等方法来突出求职者本人和组织的拟合度。在中场休息过程中，路易斯可以说：

“欢迎瑞秋。我很高兴你接受了公司的面试邀请，不得不说，你的简历给我留下了深刻的印象。你对工作的主动性以及对可持续发展问题的关注，你参与的相关活动，比如植树等，都与公司的核心价值观非常契合。你在大学接受的教育以及你在西部物流公司的实习经历也非常了不起，可以想象，如果将来你加入我们公司，应该能很快适应工作，取得进步。”在这段话中，路易斯使用了一些应用型或适用型导向的印象管理策略。首先，他叫出瑞秋的名字并强调他们对环境保护问题的共同关注，来营造一种和瑞秋非常接近或相似的印象。其次，他通过强调组织和瑞秋之间价值观的拟合度，来有意识地提高他们之间的潜在拟合度。此外，他提到了瑞秋就读的大学以及她的前雇主，以此来表达自己对瑞秋的了解，以及对其资历和成就的赞美。最后，他还为瑞秋做了目标设定，为瑞秋在公司工作提供了清晰的职业规划。当然，面试官也可以通过非语言的印象管理策略来对求职者进行印象管理，比如频繁地对瑞秋微笑，或进行目光接触，或当瑞秋回答问题时点头示意表达认同等。

需要注意的是，以上三种印象管理策略并不是只能被单独使用的。

路易斯可以使用其中一种或根据情况同时使用三种，他也可以在面试过程中的不同时刻多次使用相同的策略。比如，他从使用自我为中心的策略开始面试，进入核心提问阶段后，以求职者为中心的策略推进面试，最后，以工作和组织为中心的策略来结束面试。当然，和求职者一样，面试官也可能采取欺骗性的印象管理策略。比如，为了给马克和瑞秋留下良好的影响，路易斯可能会夸大自己的能力和公司的成功。但是，到目前为止，还没有相关研究探讨面试官的这类欺骗性策略。有案例表明，被欺骗的求职者很有可能在开始工作时或在入职前就通过其他渠道获得公司的真实信息，从而识别面试官的诡计，并选择离职。

对求职者决定的影响：面试结果

面试官的印象管理策略可能引起什么结果？想要弄清这一问题，我们首先需要解释面试官（或组织）预期结果的类型。面试官需要注意管理求职者对面试官本人及其所应聘的工作岗位和组织的印象，并选择合适的策略来影响求职者。无论是采取自我中心、求职者中心还是组织中心的策略，路易斯或组织的目的都是使求职者最终被组织吸引，从而让求职者对组织产生亲近感和兴趣，构建对组织的积极认知和情感，并最终建立和公司的积极联系。而通过使用求职者中心策略，路易斯可以突出马克和瑞秋的价值观和组织价值观的一致性，并强调他们将来在公司中可能获得的长期机会。

接下来我们需要考察面试官印象管理策略和实际的面试结果之间的关系，并考察求职者对公司吸引力的评价或接受工作邀请的可能性。目前，心理学学者们在这一方面所做的研究还不够深入，对面试的实际结果的实证研究也比较少。但是，最近有一项研究证实，面试官的自我中心型自荐策略确实能够给求职者留下专业的印象，从而提高求职者接受工作的可能性。面试官采用求职者中心策略（比如一致性策略），能够让求职者感受到组织对自己的兴趣和关注，从而能够给求职者留下积极的印象。换句话说，如果路易斯在面试过程中使用了自我中心或求职者中心策略，瑞秋和马克就很有可能接受公司提供的工作机会。

问题在于，面试工作对面试官的要求极高。他们需要扮演多种角色，需要做出评估和选择，需要想方设法吸引和留住优秀的求职者，而每个角色都需要面试官足够专业。他们需要有策略性地提问，认真倾听求职者的回答，做笔记，评估求职者答案的质量，确保求职者提供了足够的信息，识别潜在的欺骗性信息，以及基于求职者的回答临场做出反应，思考下一步需要提出什么问题才能更好地挖掘出其想要的真实信息等。在面试过程中扮演的招聘角色又要求他们有策略性地提供积极的信息并且管理求职者对自己和组织的印象。所有这些情况，对于面试官来说都是挑战。因此，潜在的风险是，面试官在面试过程中可能根本无法有效地影响求职者，也无法可靠地评估求职者。一项研究表明，当面试官主要关注自我推荐职能时，他们对求职者的评价就有可能受到影响。虽然，我们还需要更多研究来帮助面试官更好地扮演多重角色，但是最安全的解决方案可能是鼓励小组面试，允许两到三个甚至更多面试官一起来扮演不同的角色和分担相应的任务。

小结

我们在第三章对面试官和求职者进行有效面试的方法进行了详细介绍，在第四章我们则详细介绍了面试官和求职者的印象管理策略。

求职者可以使用各种策略来管理面试官对自己的印象，包括自荐、迎合和防御策略等。虽然，马克和瑞秋可能使用这些策略来诚实地描述他们的真实资历和价值观，但是他们也可能采取欺骗性的方式来使用这些策略。比如，夸大他们的素质和经历，故意隐瞒可能有损他们候选资格的信息。对于组织来说，正确地识别这些诚实的或欺骗性的印象管理策略是异常重要的。事实上，如果马克和瑞秋有意识地使用印象管理策略（包括欺骗性策略），他们就更有可能得到路易斯的较高评价，而一旦这种情况发生，则可能给组织造成不良影响。因为，组织需要雇用的是真正适合这份工作的人，而不是那些假装适合这份工作的人。此外，喜欢伪装或说谎的求职者更有可能在工作中表现不佳，甚至出现与胜任素质完全相悖的行为的概率和风险更高。我们认为，想要仅仅依靠面试官的个人素质来识别和消除“冒牌货”是注定要失败的，因为面试官很难准确地识别出这些谎言和伪装（尽管也有例外）。在实际工作中，与关注求职者的语言行为相比，面试官可能更倾向于关注一些无效的非语言行为（比如回避面试官的目光等），而这些错误的线索可能会导致面试官做出错误的判断和评价。幸运的是，路易斯还是有机会设计一场面试的，这也许并不能完全消除马克和瑞秋伪装或说谎的机会，但会起到限制的作用。可用的策略有标准化、小组面试、行为问题提问等。即使如此，面试官仍然需要关注与印象管理策略相关的文化差异，以及人们对伪装和欺骗的态度也因地而异这一事实。

最后，面试官也可以使用印象管理策略来影响求职者对面试官本人、求职岗位以及组织的印象。路易斯可以采用自我中心、求职者中心和组织中心策略。通过使用求职者中心策略，面试官可以有效打动马克和瑞秋，从而提升他们接受工作邀请的可能性。但是即使是对于最有经验的面试官来说，想进行有效面试仍然是充满挑战的，所以最合适的面试形式应该是小组面试。

第五章

录用决策

录用决策的重要性

今天，我们熟悉的两位求职者——马克和瑞秋，正在为应聘机械设计公司（MDI）的机械工程师职位面试，面试官是詹妮弗（Jennifer）。同时，还有其他两位求职者克劳蒂亚（Claudia）和安东尼（Anthony）也申请了同一岗位。詹妮弗的角色异常重要，在招聘工作中，她就类似于公司的“门卫”，她需要对四位求职者做出合适的评价，并最终决定谁可以得到这份工作。当然，公司也可能同时通过其他选拔工具获得求职者的一些信息，比如进行求职者认知能力测试、性格测试或模拟测试等，根据求职者在这些测试中的得分来辅助詹妮弗做出决策。其他面试辅助工具还包括有影响力的推荐人的推荐信及背景调查等，通过运用这些方法，詹妮弗能够进一步核实求职者的胜任资格。即便如此，面试仍然是决定录用决策的最重要因素。除非，组织在面试过后又获得了有关求职者的负面信息，否则在面试过程中给面试官留下良好印象的求职者很可能会被录用。而相反，在面试过程中给面试官留下负面印象的求职者获得工作机会的概率几乎为零。因此，面试官是决定谁最终可以加入公司的最重要角色。做出一个好的录用决策可以招募到有才能的、最终能为组织做出贡献的人才，而做出糟糕的录用决策则可能意味着高昂的招聘成本，并有可能为组织带来破坏性的后果。

想象一下，假设我们有超能力。我们需要获得所有求职者的完整信息。这意味着我们知道求职者的工作拟合度。求职者的资格信息，以及他们的技能和专业经验可以帮助我们评估他们是否合格，他们将来是否能够充分有效地完成岗位的工作任务。同时，我们也了解求职者的组织拟合度，能够判断求职者的个性、价值观和抱负是否有助于他们成为组织忠诚的员工，将来是否能充满热情地投入工作，对组织感到满意和认同。我们假定这两个指标可以合并成一个指标——求职者适合度。换句话说，我们知道每名求职者的工作拟合度和组织拟合度。

以机械设计公司此次的招聘面试为例，马克是最合适的求职者，我们假定他的适合度为90%，而瑞秋的适合度为75%，克劳蒂亚和安东尼的适合度分别为60%、40%。如果詹妮弗能够准确评估四名求职者的适合度，那么最佳录用决策是雇用马克。心理学研究表明，更高的工作拟合度和组织拟合度意味着更高的生产效率、更强烈的满足感以及更高的一致性。而90%的适合度，则意味着马克更有可能成为高绩效员工，也更有可能认同组织的文化和价值观，与组织保持一致，因为他具备了胜任该职位所需要的所有条件。同时，组织对马克的培训投资可能会更少，而这对于组织来说意味着节省。比如，马克将更可能善于团队合作，有着出色的分析能力和极强的责任心，而这与工作岗位所需要的团队合作精神、严格的契约精神以及复杂的项目审批程序过程中的责任心要求一致。此外，由于认同组织的文化和价值观，他更有可能满足于在组织中的工作，从而成为忠诚的员工。

如果詹妮弗不能准确评估求职者的适合度而决定聘用安东尼，那么结果就可能截然不同。心理学研究表明，那些工作拟合度低的人很有可能是效率低的员工（至少在最初是这样），因此，组织可能需要提供给他们更多的培训才能使他们更好地胜任工作。他们将来不能完成业绩目标的可能性、被组织解雇的可能性都较大。同时，他们在工作中感到不满意的可能性也较高，由于与组织的价值观和文化不一致，他们将来极有可能离开公司。事实上，40% 的适合度意味着安东尼很可能无法有效地完成本职工作，而对于组织来说，这将意味着高昂的成本。即使在这个过程中，MDI 公司能够为安东尼提供良好的培训，帮助他提高工作绩效，但是这类培训的成本也是非常高昂的，安东尼可能需要几周甚至几个月才能达到胜任水平，而通常，组织提供的培训很难解决安东尼的价值观、个性、动机和职业目标不匹配的问题。也就是说，最终安东尼仍然可能无法适应公司的环境。比如，安东尼可能喜欢独立工作，喜欢跟着感觉走，急于求成，而这与 MDI 公司对员工需具备团队合作精神、严格的契约精神、追踪复杂项目审批流程过程中高度的责任心等要求相冲突。因此，安东尼在 MDI 公司工作的过程中可能会满意度较低，他可能会感到沮丧，甚至可能与同事发生冲突。即使 MDI 公司不解雇他，将来若有更好的机会，他也可能会离开公司。

上述例子强调了最终的录用决策在工作面试中的重要性。詹妮弗的面试决定，即雇用马克还是雇用安东尼，将对组织的发展产生深远的影响。因此，面试官需要准确评估求职者的合适度，并最终做出最佳录用决策。目前心理学研究领域积累了有关大量录用决策的实证案例，研究表明，面试官的录用决策往往是次优的。比如，詹妮弗可能凭借直觉对四位求职者进行评估，她可能对自己的专业经验非常自信，因而认为自己可以有效地做出面试评估。事实上，这种情况存在三种局限性。第一，研究表明，直觉不利于正确判断。当然，虽然在实践过程中，基于直觉的决策很有可能是核心决策，但是，基于科学或分析的决策的准确率更高。第二，分析性决策可以被解释、证明和复制。而直觉决策则不可以。即使在某种情况下，直觉决策是正确的，面试官也很难解释导致其正确评估的过程。第三，直觉决策往往伴随着各种各样的错误和偏见包括刻板印象，这有可能导致面试官歧视少数群体。总之，面试官需要意识到这些偏见，以降低他们做出糟糕决策的风险。

面试中的偏见

詹妮弗为此次面试预留了一整天时间，早上 9:00 开始面试瑞秋，

10:30 面试马克，下午 1:00 面试克劳蒂亚，2:30 面试安东尼。她为每位求职者留出 60 ～ 70 分钟的面试时间，并留出几分钟整理思绪、做笔记，并为面试下一位求职者做准备。詹妮弗习惯了这样的面试安排。作为 MDI 这样的大型公司机械工程部的负责人，她每个月都要面试几十名求职者。可以说，她是一位经验丰富的面试官。在 10 年前，她就开始参加面试工作，因此，到目前为止，她已经记不清通过面试识别了多少诚实的合格求职者了。因此，她对自己的面试能力非常自信，她认为自己是一名专业的、有能力的面试官。当然，如果你要深究，她也可能承认自己在面试过程中曾经犯过错误，但是她会争辩说大多数情况下没有人质疑她的录用决策，因此无论是新员工还是他们的直接上司对她的录用决策都非常满意。但是，她的决定真的总是最佳的吗？也许是，也许不是。没有收到任何投诉并不意味着每个人都对她录用的新员工很满意。此外，詹妮弗也很有可能放弃了一些比她录用的求职者更优秀的求职者而不自知。求职者一旦被组织淘汰，便很难证实他们是否能胜任工作。因此，MDI 公司永远不会知道他们是否本可以雇用到更好的员工，因此，詹妮弗的录用决策也不可能得到全面的反馈。如果她雇用安东尼为机械工程师，那么MDI公司很可能永远不知道马克是更好的选择。

进一步说，尽管詹妮弗有着丰富的面试经验，但她也会和其他人一样产生面试偏见和认知偏见。她对求职者的评估可能受限于她对求职者的第一印象，并且受相似效应、光环效应以及比较效应的影响。这些偏见很可能削弱她的评估的有效性，从而使她对四名求职者的评估的准确度降低，并最终导致她做出不理想的录用决策。那么，这些偏见将如何起作用呢，詹妮弗该如何有效避免产生面试偏见呢？

第一印象

你可能听说过“你只有一次机会给别人留下第一印象”这条定律是普遍适用的。比如，在第一次约会时，第一次见到未来的公公婆婆时，第一次见重要的客户时等。研究表明，面试官通常会在面试开始的前几分钟（有时甚至是几秒钟）对求职者形成第一印象，而第一印象会对接下来的面试过程和录用决策产生重要的影响。一般来说，面试官倾向于在接下来的面试过程中对求职者的第一印象进行确认，也就是说面试官接下来采取的行动很可能是基于第一印象的。如果第一印象是积极的，面试官可能会给予求职者积极的评价。比如，面试官提出的问题可能更简单，或者面试官可能会花较多时间推荐自己和公司，而花较少时间来评估求职者的胜任资格。而面试官的这些积极行为也可能引发求职者的积极反应。比如，求职者可能会比较放松，由于问题比较简单，他们也可能提供更令人满意的回答。如果面试官对求职者的第一印象是负面的，那么面试官将更倾向于提出难度更大的问题，花较少时间来推荐自己和组织，并可能给求职者很少的机会来改变自己对他们的第一印象。总之，基于第一印象，面试官会不断做出自我证实的反应：他们对求职者形成第一印象，然后让求职者以一种肯定的方式对这种第一印象做出反应，并将求职者的行为解释成他们对求职者第一印象的反应是正确的。尽管求职者可以试着改变面试官对他们的第一印象，但是这是一项相当艰巨的任务。最近的研究表明，面试官对求职者的第一印象与面试结束后对求职者做出的最终评价密切相关。

接下来我们看看基于第一印象进行面试的潜在风险。想象一下，瑞秋穿着得体、面带微笑、大大方方地走进面试厅，坚定地和詹妮弗握手，并恰当地夸赞詹妮弗以及MDI公司的整个招聘过程。而另一方面，马克则表现得有些焦虑，在握手时显得软弱无力，因为他太紧张了，他也不愿意去恭维詹妮弗。因此，瑞秋更有可能给詹妮弗留下良好的第一印象，而詹妮弗对马克的第一印象则有可能是负面的。但有趣的是，这两种类型的第一印象其实都是基于与工作无关的信息形成的。比如，着装、握手和赞美的能力都并不是工程师岗位胜任能力的一部分。如果詹妮弗并不打算遵循基于胜任素质的标准化面试流程，并对每名求职者进行量表评估以进一步确认相关信息，那么很有可能她会无意识地对瑞秋更宽容，向她提出更简单的问题，在面试瑞秋的过程中分配更多的时间推荐MDI公司，介绍工程师岗位的工作内容，甚至给瑞秋更多机会进行提问。除非瑞秋对这些简单的提问也回答得不好，否则，詹妮弗对瑞秋的最终评估很有可能是正面的。相比之下，马克就很难抹去他给詹妮弗心中留下的第一印象，即使他在整个面试过程中提供了很好的答案。

总之，在这种情况下，瑞秋得到工作机会的可能性会高于马克。

值得注意的是，瑞秋的工作适合度只有75%，而马克有90%。在这个案例中，显然，雇用瑞秋并不是一个明智的决定，当然，雇用瑞秋要比雇用克劳蒂亚和安东尼更好。因此，瑞秋将来在工作中也许会得到MDI公司的较高评价，但是马克在客观上更有胜任力，但仅仅因为第一印象，他被淘汰了。因此，我们说詹妮弗的决策是次优的。

那么，詹妮弗要如何才能避免基于第一印象的偏见做出录用决策呢？最安全的方法是通过标准化面试来了解四位求职者的信息，向每位求职者提出同样的问题，并用同样的标准来评估他们的回答。她应该确保向每位求职者介绍工作的具体内容和组织的时间，以及回答求职者提问的时间是一样的。此外，在做面试评估时，她应该意识到过度依赖第一印象是存在风险的，并需要提醒自己基于直觉做出的决策很可能是正确的也很可能是错误的。

相似效应

面试官应该选择那些在个性、动机和价值观上与组织价值观、文化相一致的求职者（拟合度高的求职者）。但是尝试评估组织拟合度并不是一件容易的事情，尤其是当组织本身的价值观并不明确时。许多公司将自己标榜为“客户第一、创新、成就驱动型”的公司，尽管从商业的角度来说，这些价值观无可厚非，但是它们却很难被转化成求职者应该具备的特征，因此，即使有些组织的价值观很容易被理解，面试官也很难对求职者的组织拟合度做出评价。此时，面试管就有可能“走捷径”，将自己的个性特征和价值观当作组织的价值观，并选择那些和他们相似的求职者。他们的理由是：与他们相似的求职者极有可能适合组织。比如，詹妮弗在MDI公司工作，她热爱自己的工作，对雇主忠诚，与同事保持着良好的关系。换句话说，她非常适合MDI公司。因此，她便有可能认为与她相似的求职者也很有可能成为快乐的、满意的、忠诚的员工。心理学研究证实，面试官与求职者的相似感与面试官对求职者的组织拟合度的主观评价密切相关。

这种“与我相似等于良好的组织拟合度”的判断方法看起来简单实用，但是却有可能带来许多问题。首先，如果面试官习惯使用这种方法，那么组织很快就可能雇用到一支“克隆人部队。”比如，詹妮弗面试了十几名求职者，她每个月都会雇用两三名新员工，如果她的录用决策都是基于“感知相似度”做出的，那么公司雇用到的新员工很可能都是与詹妮弗类似的员工。詹妮弗是一位优秀的经理，非常适合她现在的工作，但是像詹妮弗这样的员工则不一定是其他职位的理想求职者。此外，面试官也有可能自问：“我喜欢这个求职者吗？”或“将来我会愿意和他一起工作吗？”他们愿意选择自己喜欢的、自己愿意共事的求职者。但是实际情况是，面试官尤其是人力资源经理将来并不需要长期和被雇用的求职者共事。因此，问题应该变成：“他们能与相关部门的其他同事共事吗？”面试官运用相似效应可能存在的风险是：求职者可能会使用欺骗性的印象管理策略，给面试官制造一种与其相似的印象。比如，通过分享和面试官共同的兴趣来夸大这种相似性。因此，从组织层面来说，雇用詹妮弗的“克隆人”或“复制品”并不是最理想的录用决策。

研究表明，面试官更有可能给予那些与他们有着相似人口统计学特征的人积极评价。比如，詹妮弗，四十出头、欧美人、女性，因此，与五十岁左右的亚洲女性相比，她更有可能给予三十岁至四十岁的欧美女性求职者更高的评价。因此，MDI 公司雇用到的员工极有可能在

个性、价值观及人口统计学特点上都极其相似。而这种相似效应可能对两种情况产生更大的影响。首先，一些国家的就业立法要求某些类型的组织雇用一定数量的受保护群体员工。比如，受联邦管制的加拿大的组织必须雇用一定比例的妇女、少数民族、土著人和残疾人。如果面试官不属于这些群体中的一员，当他们受到相似效应的影响时，很有可能不愿意雇用这类员工，因而组织可能无法满足立法要求的最低受保护群体员工数量，从而冒着触犯法律的风险。其次，相似偏见不利于组织的多样化。多样化管理在世界各地很受欢迎，参与类似计划的组织希望构建多样化的工作环境，确保员工之间的价值差异，包括人口统计学特征、价值观、受教育程度等方面的差异，并基于这些差异提高组织的核心竞争力。因此，克隆化的组织与多样化的战略目标是相悖的。

詹妮弗避免相似偏见的最佳解决方案是：依靠标准化的面试流程对四位求职者一视同仁。心理学研究表明，组织若能运用标准化的面试流程，相似效应的负面影响很可能会消失。面试官使用第二章中提到的行为测评量表对求职者进行统一测评，可以削弱相似偏见对录用决策的影响，而小组面试也是削弱相似偏见的影响的好方法，因为没有任何一名求职者可以和所有面试官都相似。

光环效应与尖角效应

面试的时间往往是非常短暂的，因此，面试官通过面试收集到的求职者的有效信息也可能是有限的。在面试结束时，面试官很有可能对求职者的能力、个性和价值观只有粗浅的了解。但是人们往往不喜欢不完整的信息，因此，面试官会倾向于通过推断来弥补缺失信息的空白。他们可能相信某些信息和特征之间是自动关联的。换句话说，他们可能推断，如果求职者拥有 A 特征，那么他就一定拥有 B 特征。例如，人们倾向于对那些外表有吸引力的人做出积极评价，他们可能会认为这些人更开放、更外向、更随和、更有能力甚至更聪明。相似地，在面试瑞秋的过程中，詹妮弗可能通过瑞秋描述的过去工作经验、她与供应商谈判后有效达成了协议等来判断瑞秋是一个有能力的谈判者。但是，并没有直接证据证明瑞秋是一个很好的倾听者。可是詹妮弗需要这些信息，于是，她可能由此推断出瑞秋是一个好的倾听者，因为她是一个熟练的谈判者。

显然，熟练的谈判者和良好的倾听者这两个角色并不是必然相关的。因此，詹妮弗的推论并不一定正确。如果面试官根据一条积极的信息推断出求职者具备一个或几个积极的性格特征，这种效应称为“光环效应”。被光环效应笼罩的求职者可能被认为拥有许多积极的特质（如同天使）。比如，詹妮弗可能由此认为瑞秋是很好的倾听者和分析师，因为瑞秋是一个熟练的谈判者。另一方面，如果面试官根据一条负面信息推断出求职者具备一个或几个负面特征，这种效应称为“尖角效应”。被尖角效应笼罩的求职者很可能被认为具有许多负面特征（如同恶魔）。比如，詹妮弗可能认为马克在压力状态下无法按期完成工作任务，因为他在面试刚开始时就表现得有些焦虑。但是，内观焦虑可能并不是其他关键因素的可靠信号，而马克很可能实际上具备足够的抗压能力和按时完成任务的素质以及责任心。

为了使求职者避免成为光环效应或尖角效应的受害者，最好的办法是让面试官意识到这两种效应的存在，从而避免据此推断出不相关的信息特征。因此，詹妮弗不应该基于片面的信息去推断求职者的具体素质，即使她无法在面试中收集到完整的信息。事实上，错误地推断出求职者的某些特征比不知道求职者是否具备这些特征更加危险。同样值得注意的是，面试官还需要意识到，他们并不需要基于完美信息做出录用决策，同时，他们基于有限信息做出的录用决策也不可能100%准确，面试官必须接受这一事实。

对比效应与独特效应

第一印象、相似效应和光环效应都是在评估某个特定的求职者时产生的偏见。不仅如此，面试官也可能在面试过程中对求职者进行比较，从而导致偏见的产生。心理学研究表明，面试官习惯于对不同求职者进行比较。当面试官对求职者的评估受到其他求职者的影响时，对比效应就产生了。更准确地说，如果一位面试官接连面试了几名不合格的求职者，那么接下来参加面试的求职者很有可能得到积极的评价；而如果面试官接连面试了几名合格的求职者，那么接下来的求职者很有可能得到负面的评价。想象一下，克劳蒂亚（适合度为60%）

是最后一名接受詹妮弗面试的求职者。如果前三位求职者都很有能力——马克的适合度为90%、瑞秋的适合度为75%，假定另一名求职者的适合度为85%，那么此时，克劳蒂亚在詹妮弗眼里可能会显得特别不合格。詹妮弗甚至可能将克劳蒂亚的适合度评价为50%或45%。但是，如果克劳蒂亚在安东尼（适合度为40%）和另外两位适合度分别为35%和45%的求职者之后参加面试，那么，詹妮弗可能会认为克劳蒂亚是合适的人选，将她的合适度评价为70%或75%。综上所述，同一名求职者的适合度客观上为60%，但是她完全有可能在对比效应的影响下被评价为更合适（70%～75%）或更不合适（40%～45%）。

当然，如果应聘同一职位的所有求职者都在同一时间段接受面试，这种对比效应的实际影响是有限的。这只会使面试官对最后一位求职者的评价可能稍高或稍低，但是不太可能改变求职者的排名。比如，如果安东尼在克劳蒂亚、瑞秋和马克之后接受面试，他很可能被评价为适合度为30%而不是客观上的40%，但是这一点并不会改变录用决策，因为安东尼仍然是最不适合工作岗位的。但是由于某些原因，组织不可能总是保证所有求职者都在同一天接受面试，有时他们需要把几位求职者安排在同一周的不同时间段进行面试，比如一名在周三，一名在周五接受面试，而且，詹妮弗等面试官可能需要在同一时间段参与多个面试过程。除了马克和瑞秋申请的初级工程师岗位的面试工作外，詹妮弗还需要面试应聘某个高级职位（MDI 公司研发部门的新经理）的求职者。此时，如果詹妮弗安排瑞秋在周五下午三点进行面试，并且面试顺序是第四个，前面三位是应聘研发部经理的求职者。那么，此时前三位求职者会显得更有经验和能力，虽然瑞秋不与这三个人竞争，但是由于对比效应的影响，在詹妮弗眼里，瑞秋的胜任力就会显得较弱，因而詹妮弗可能会无意识地降低瑞秋的适合度评分，将 75% 调整为 55%。

即使求职者的素质没有客观上的差异，面试官的评价也会受到独特效应的影响。如果面试官提问：“你的主要缺点是什么？”我们在第二章阐述过，类似这类常见问题的答案在网上或工具书上都可以找到，因而求职者很有可能在面试过程中回答问题时提供早已准备好的答案。比如，当詹妮弗问：“你的主要缺点是什么？”时，马克、瑞秋和克劳蒂亚都读过相关的书，访问过涉及这种问题的网站，因此他们可能会按照“我有时是一个完美主义者……”这样的标准格式回答。而此时，安东尼可能读过不同的书，他的答案就有可能不同，比如“我有时会很冲动……”。而这两类答案都有着相似的特征，答案中提及的缺点实际上都是无关紧要的，这些缺点甚至可以使组织更积极地看待求职者（比如，完美主义者和没有耐心的员工都可能在工作中表现出色），那么此时，安东尼的独特之处就可能导致詹妮弗给予他更积极的评价。在一项关于唯一性效应的研究中，唯一求职者得到正面评价的可能性是三个非唯一求职者评价的两倍多。因此，在这个案例中，独特性效应可能对詹妮弗的面试评价和招聘质量产生负面影响，从而导致她做出错误的录用决策，因为很显然，安东尼实际上是最不合格的求职者。

为了消除或降低对比效应带来的风险，最好的解决办法同样是进行标准化面试，即向应聘同一职位的求职者提出相同的问题，根据他们的回答，使用相同的评分标准做出评价。标准化的评分标准异常重要，它将迫使面试官根据明确的标准来评估求职者的答案。

比如，如果可以将瑞秋的答案与量表中的标准答案进行比较，詹妮弗就不需要参照其他求职者的答案来对瑞秋做出评价。此外，为了限制独特性效应的影响，面试官应该少提出常见的问题，而更多地使用行为面试问题，这些问题应该是与工作相关的，面试官应尽可能引导求职者提供更多相关信息包括对过去工作经历的描述等。对于求职者来说，要完全预想这样的问题并事先准备答案是比较困难的。当然，针对同一个问题，每个人都可能基于自己独特的工作经历、职业背景和个人经验提供不同的答案以及解决问题的不同方法。因此，所有的回答都将是不同的，在这种情况下，面试官就很难形成独特效应偏见。

刻板印象和歧视性决定

MDI 公司的面试官詹妮弗是一位 40 岁出头的欧美女性，她从出生、成长一直到工作都在同一个地区，她拥有商学院的学位，又高又瘦，经常把棕色的头发扎成马尾辫，穿着得体。在理想的情况下，无论求职者是否拥有与詹妮弗相同的特质，詹妮弗对求职者的评价都不因自身特质而受影响，她对求职者的评价仅仅基于他们的胜任资格和他们对问题的回答。但是遗憾的是，心理学研究表明，现实情况并非如此。通常情况下，面试官都可能被显性或隐性的刻板印象所影响。刻板印象是指针对某一特定群体的特征进行概括的信念，有时这些概括是错误的。有关刻板印象的成见会让面试官对从属于这一特征群体的人产生偏见，甚至歧视他们，给予他们负面的评价。

歧视对象

詹妮弗安排了针对马克、瑞秋、克劳蒂亚和安东尼的一整天面试。除了一般的偏见可能对她的面试评价和录用决策产生影响外，她对求职者的评价还受求职者的外表以及人口统计学特征的影响。假设 MDI 公司坐落于伦敦，詹妮弗也出生在伦敦。我们的四位求职者分别有着不同的背景：马克 24 岁，个子高高的，体格健壮，他出生于尼日利亚的拉各斯，10 岁时随父母迁居伦敦；瑞秋 26 岁，出生于印度，4 年前来到伦敦学习工程学专业；克劳蒂亚 24 岁，个子不高，有着一头长长的瀑布般垂顺的黑发，祖籍意大利，但是出生于伦敦，她的脖子上有着一个显眼的部落文身，耳朵和鼻子上也都有穿孔；安东尼今年 25 岁，高高的个子，一头金黄色的短发，在英国曼彻斯特出生并长大，他和瑞秋一样在伦敦攻读了工程专业学位。上述所有描述都与工程师的工作要求无关。因此，理想情况下，上述因素不应该对 MDI 公司是否录用他们产生影响，而且，从客观上来说，马克是最合适的人选，然后依次是瑞秋、克劳蒂亚和安东尼。但是依据社会学家和心理学家们过去数十年的研究情况，这 4 位求职者中至少有 3 位不会得到客观的评价，因为他们属于少数族裔。相比之下，安东尼获得工作的概率可能会较高，因为他的人口统计学特征属于普遍的群体。少数族裔是否会受到歧视取决于面试官、组织、面试地点以及组织所属的国家。尤其是对于那些少数族裔或有着移民身份的求职者来说，情况可能更加不乐观。因此，少数群体是较容易被歧视和被不公正对待的群体，只不过这种不公正的程度在不同的国家和地区略有不同。在美国，非洲裔美国人较容易遭到歧视，如果面试官对这一群体抱有消极的偏见，那么他们受歧视的程度可能会更加强烈。拉美裔和亚裔美国人同样可能被纳入少数群体统计范畴。在欧洲，第一代和第二代移民都可能被纳入少数群体范畴。从 MDI 公司来看，马克和瑞秋都属于英国移民，他们可能会由于身份象征比如肤色、口音、穿戴等在面试中被歧视。

除此之外，也有一些独立的团体会被歧视。有大量的证据表明，面试过程中面试官对女性求职者的积极评价少于男性求职者，尤其是当有些工作被默认为更适合男性的情况下，包括一些管理类的以及工程师类的岗位。此次 MDI 公司招聘的机械工程师正是这类可能被默认为更适合男士的岗位。为什么呢？因为，人们对女性的刻板印象是热情的、体贴的，而不是有竞争力的、有野心的。通常来说，人们认为管理领域以及科学研究领域（比如工程师）的工作人员需要有竞争力和野心。虽然这种刻板印象并不一定是正确的（比如女生的数学成绩不一定比男生差），并且这些刻板印象也不能生搬硬套到所有女性身上（比如有些女性就充满野心喜欢竞争），但是即便如此，这些对女性的刻板印象还是会影响组织的录用决策，因为面试官或多或少对这些偏见有认同感。在 MDI 公司的此次招聘中，很有可能瑞秋和克劳蒂亚的得分会低于马克和安东尼，因为瑞秋和克劳蒂亚是女性。

女性也并不是刻板印象的唯一受害者。资深员工也可能由于刻板印象被歧视。人们往往认为年长的求职者是令人温暖的、仁慈的、友善的，但是与年轻的求职者相比，他们可能是缺乏胜任力的、能力较差的、效率低下的、更需要接受培训的。虽然，令人温暖的特质可能是积极的，但是却很容易被面试官忽视。因此，他们在淘汰这些年长的求职者时所给出的解释往往是这些人缺乏能力。面试官对年长求职者的刻板印象可能导致后者的面试得分降低，由此得到工作机会的概率也会降低。而客观事实是，年长的求职者或员工与年轻的求职者或员工的能力水平与工作效度的差距是甚微的，然而，年长者可能拥有更广泛的知识以及更丰富的工作经验。当然，此次前来MDI公司参加面试的四位求职者的年纪都差不多，所以他们不会由于年龄问题被歧视，但是若有一位50岁左右的求职者来应聘，可以想见，他获得工作机会的概率会较低。

还有其他一些可能在面试过程中被歧视的群体，其中一些群体一直是有关面试歧视的研究对象，还有一些群体被歧视的情况则刚刚引起人们的重视。求职者被歧视的其他因素包括外表吸引力、体重、怀孕或残疾。现实中，超重或肥胖的求职者被录用的概率要低于中等体型的求职者。一项研究关注了面部穿孔的求职者是如何被区别对待的。有耳洞的人被认为是更外向的，但是也被认为是不认真或不太能干的，甚至是并不值得信赖的。研究发现，人们往往会由此拒绝有耳洞的求职者。另一项研究关注了吸烟与不吸烟对录用评价的影响。吸烟者被认为有可能在工作场所违反纪律，比如迟到或在工作过程中偷懒，因此他们也被认为是较消极的人群。研究发现，面试官对吸烟者的评价低于非吸烟者。在 MDI 公司此次招聘过程中，克劳蒂亚很可能因为她的面部有穿孔而错过工作机会，遭到面试歧视。

面试歧视的影响因素

马克、瑞秋、克劳蒂亚和安东尼的人口统计学特征可能会对面试录用决策产生负面影响。那么，詹妮弗在面试他们时，心里在想什么呢？这些想法是如何影响她对求职者的面试评价的呢？有许多心理学研究者对这一现象进行了研究，其中，我比较认可的是最近被提出来的“双过程理论”。双过程理论表明像詹妮弗这样的面试官在与求职者交流时，参与了两个不同的过程。

第一类参与过程是自动启发式的，它指的是当人们面对特定情况或信息时会本能地激活某些心理习惯。这些习惯不需要占用太多注意力资源，是通过教育和经验积累长期形成的。比如，一个有经验的司机遇到红灯会停车，而不会花时间去思考是否此时要停车，因为“红灯＝停车”这一特定过程已经被大脑记住了，因此停车就成了自发行为。在面试中，类似这样的自发式过程会导致面试官无意识地对求职者的线索或信息进行解释，从而导致前者本能地产生情绪、想法和行为。与第一印象类似，第一类过程在面试最初的几分钟或几秒就已经发生了，当然也可能发生在求职者与面试官互动的过程中。比如，詹妮弗可能很快就会注意到求职者具备的少数群体的特征，并对这些特征做出反应。

当然，直觉反应的强度和影响也取决于面试官的特点以及他们对少数群体的态度。詹妮弗越是对移民或与自己不同出身的人抱有偏见，她对马克和瑞秋的反应就有可能越消极，她对马克和瑞秋是否适合这个职位的初步评价就有可能越负面，在极端的情况下，她甚至可能对马克和瑞秋产生强烈的负面情绪。组织文化和工作类型在面试歧视中也扮演着重要角色。比如，虽然部落文身可能不受欢迎，但是一些更现代的文身往往被认为具有创造性和个性，因此，对于需要创造力的某些岗位（比如设计师）或重视创造力的某些组织（比如广告公司）来说，文身可能会被面试官积极地看待。值得注意的是，虽然“少数”往往意味着负面反应，但是在某些情况下也有着积极作用。比如，一名外表非常有吸引力的求职者或一名和面试官有着某些相似特征的求职者，他们获得的第一印象和面试评价可能就是积极的。安东尼的英国口音表明他是本地人，他和詹妮弗有着相同的人口统计学特征，这就可能产生相似效应，并导致詹妮弗给予他积极评价。

如果说第一类参与过程是自动的、直观的，那么第二类参与过程则是可控的、有意识的，可以通过记忆以及认知能力来进行分析和解释的，包括分析和判断求职者的回答质量以及他们的非语言行为。最初的评估往往由第一类参与过程驱动，容易受到偏见的影响，但是随着面试过程的深入，面试官收集到的信息将可用于调整他们对求职者的最初印象。因此，刚开始时，詹妮弗可能会认为马克和瑞秋不太适合 MDI 公司的机械工程师职位，但是若他们在面试过程中表现良好，詹妮弗也可能调整对他们的评价，甚至可能提高对他们的总体评价。不幸的是，在现实生活中，最初的印象和验证过程很容易让面试官产生依恋情感，因此想要使面试官调整对求职者的负面评价并不是那么容易的，对于那些少数群体来说更是如此。

第二类参与过程也可用于监控第一类参与过程的冲动或行为，特别是当这种冲动或行为被认为是不合适的时候。比如，詹妮弗可能对文身有强烈的排斥心理并认为有文身的求职者不适合在 MDI 公司工作，因此，当她见到克劳蒂亚时很可能会由于克劳蒂亚的文身而感到沮丧或厌恶，甚至会忍不住盯着对方的文身看。詹妮弗知道公开表达对文身的反感是不合适的，在这种情况下，第二类参与过程便可矫正或抑制詹妮弗的冲动，并提醒她隐藏对克劳蒂亚的负面反应。这种抑制冲动的行为需要消耗面试官大量的精力和能量，比如通过问问题、

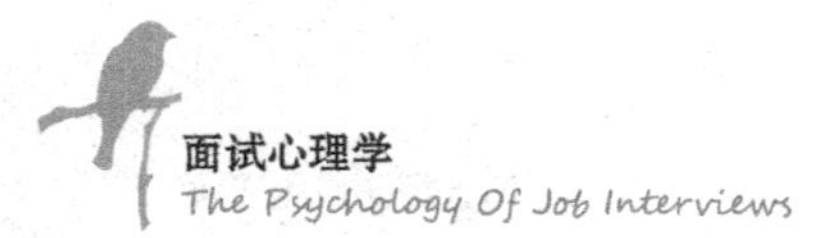

积极倾听并有效评估求职者的答案，判断求职者的诚实程度，认真做笔记并思考接下来的提问等。因此，詹妮弗是否能够有效调整她对马克、瑞秋以及克劳蒂亚的评价取决于她是否有足够的能量来帮助自己做出调整，但是在很多情况下，面试官的精力和能量都是有限的。由于第一印象比定量分析和解释更容易，这就可能导致詹妮弗最终会选择像安东尼这样不受歧视的求职者，即使在客观上其他三位求职者可能更合适。因此，我们可以说，从选择的角度以及业务的角度来看，面试官做出的选择是次优的。而从法律的角度来看，面试官的选择可能对组织有害，因为由于受歧视而被拒绝的求职者可以以歧视为由起诉 MDI 公司。

如何减少面试歧视

像 MDI 这样的组织可以采取什么措施来避免面试歧视以及可能造成的不利影响呢？最佳答案还是采用标准化面试，向求职者提出同样的问题，并采用同样的评估标准来对求职者的表现进行评估。无论是经过训练的求职者还是容易受歧视的求职者，标准化面试都将帮助面试官收集到求职者的更全面、更客观、更有可比性的信息。此外，为了减少第一印象的锚定效应带来的面试歧视现象，标准化面试可以帮助面试官有效调整对求职者的最初印象。在MDI公司的招聘过程中，通过标准化面试，詹妮弗可以采取同样的方式获取每名求职者的详细信息，并使用同样的指标来对四名求职者进行比较，最终调整其对马克、瑞秋以及克劳蒂亚的负面印象。

除了改善面试的形式，组织还可以以面试官为中心采取其他措施以降低面试歧视的发生率。首先，组织要让面试官意识到面试歧视现象的存在，接受这种现象并了解面试歧视的不利影响。其次，组织可以制定和执行明确的反歧视政策，并为面试官提供多样化的培训。通过角色扮演，让詹妮弗扮演被歧视的求职者，从而站在被歧视的求职者角度来理解和感受面试中的不公平和歧视现象。这些措施都可能促进第二类参与过程从而限制和控制第一类参与过程。

小结

“权力越大，责任越大”，这句话对蜘蛛侠迷来说可能是耳熟能详的。这个故事最早发表在1962年出版的漫画杂志——《奇妙的幻想》(*Amazing Fantasy*)。此前，墨尔本勋爵（Melbourne)、温斯顿·丘吉尔（Winston Churchill）和富兰克林·罗斯福（Franklin D. Roosevelt）等政治人物和历史人物都有做过类似的论断。事实上，这句话同样适用于面试官。面试官需要评价求职者的表现并最终决定谁将获得工作机会，因此，从某种意义上说，他们直接塑造了公司的未来，因此，他们便有责任做出正确的决定，将最合适的人招募到组织中来并将他们分配到特定的工作岗位中，从而推动组织效率的提升。而由于面试官做出的一个次优决策而入职的求职者则有可能难以适应组织，需要参加大量培训，甚至可能成为组织的负担并最终会离职，因此次优的录用决策往往意味着高昂的成本和低下的效率。

尽管面试工作任重而道远，但是心理学家发现面试官的决策往往是次优的。因为对个人性格和价值观做出评估并不容易，而面试官在这方面也很难做到完全准确。同时，面试官在面试过程中形成的许多偏见和错误印象，也会影响他们对求职者的评估。第一印象、相似效应、光环效应、尖角效应、对比效应、独特效应、少数群体现象等都可能使面试官的面试质量下降。在大多数情况下，像詹妮弗这样有经验的面试官不会刻意带有偏见地评估，但是哪怕是最专业、最高尚的面试官也难以避免形成偏见。最后，如果要刻意避免面试歧视，组织就需要从受保护的少数群体中去甄选合适的求职者，对于组织来说，这样做可能意味着高昂的成本。

幸运的是，心理学研究已经证实标准化面试是一种安全的面试方法，它能够显著降低我们提到的种种偏见和歧视带来的风险，或至少可以减少面试官因歧视而给予求职者负面评价。举例来说，标准化的面试流程可以限制面试官产生第一印象偏见；向所有求职者提同样的行为面试问题，可以消除独特性效应的负面影响；依靠标准化的评分量表对求职者的答案进行评估，可以减弱光环效应和相似效应的影响，并防止产生第一类参与过程可能引起的面试官对少数群体的歧视现象。组织还可以通过向面试官提供培训，来帮助他们对面试偏见保持警惕，从而促使面试过程更客观，帮助面试官改善面试效果，寻找到合格、积极、高效的员工。

综上所述，我们不可能期望詹妮弗成为像蜘蛛侠一样的面试官，但是使用正确的面试技巧却可以使她更好地运用手中的权力更高效地履行职责，这对于MDI公司来说，将可能招聘到最合适的机械工程师，比如马克，并拒绝像安东尼这样不合格的求职者。

第六章

面试的现状与发展趋势

面试的现状

在前五章，我们介绍了瑞秋、马克等正在寻找工程类工作的求职者的面试情况，并详细阐述了求职者的最佳实践和面试官需要避免的面试偏见等问题。本章将站在面试官和求职者角度提供一些实用的建议，并阐述为什么组织应该将面试看成有价值的长期投资，要怎样才能确保面试的效果，使面试变得成功。

给求职者的五个关键建议

如果读到本书时你正在找工作或正准备找工作，你可能会想象一下，如果自己处于瑞秋、马克的状况该怎么办？无论你是否像他们一样是刚刚毕业的大学生，或是有经验的工人，或已经活跃于工程学等某个专业领域，瑞秋和马克在面试过程中呈现的几个关键特征都将为你的面试提供参考和帮助。下面是五个关键学习点。

第一，你在面试中的成功很大程度上取决于你的选拔标准识别能力（ATIC）。如果你能读懂公司的要求，你的回答将可能更有说服力。理解每个问题想要衡量的是求职者的什么能力，这一点需要你能够提早准备做功课。因此，尽早收集有关工作要求和公司价值、文化的信息是至关重要的。可以问问自己："自己是否具备岗位所要求的相应技能比如掌握一种软件或编程语言，自己是否具备使用某种设备、机器的技能或技术，自己是否拥有工作岗位所要求的相应的能力比如沟通能力、谈判能力和领导能力等？组织是否重视特定的特征比如主动性、创造性和团队合作，他们为什么重视求职者的这些特征，是因为环境问题、当地社区面临的现状还是因为社会问题等？"理想的情况是，无论你申请什么职位，你对这些问题做出的回答都是独一无二的。除了提高自己的选拔标准识别能力以外，收集和整理相关信息的另一个好处是能够帮助你合理调整对面试的预期。

第二，你需要在面试前花点时间整理简历，突出自己的知识、技能、能力和相应的个性特征。换句话说，在简历中，你需要基于自己现有的经历和能力，来突出自己适合正在应聘的公司和岗位。对于每一个关键点，你可以准备一个独立的文本，整理一下在这个关键节点上你曾经的经历和获得的成就，并清楚地展现出自己的特性。如果要求突出领导能力，那么，你可以先确定一个情境，在这个情境中，你成功地领导了一群人，取得了积极的成果。由于你不可能完全预料到面试官可能问到的所有问题，因此事先准备好有板有眼的答案可能效果会适得其反，但是至少，我们需要准备一份过去经历的清单，以便在面试过程中，在涉及相关经历时，能够详略得当地从清单中提取合适的信息。

第三，除了收集信息、准备经历清单，你还可以准备一些策略来应对可能出现的互动障碍和缓解面试过程中的焦虑情绪。最简单的策略是和朋友、家人谈谈你的焦虑和担忧，或者收集尽可能多的有关组织的相关信息，多读一些讲解面试技巧类的书籍或浏览相关网站，准备一些面试官可能会问到的常见的问题（比如“你的缺点是什么”等）的答案。同时，你还可以通过参加模拟面试等培训课程来帮助自己优化面试技巧，也可以让朋友扮演面试官来帮助自己练习使用面试技巧。

第四，在面试过程中，你如果能够巧妙地将过去的经历以讲故事的形式呈现出来，可能会更有说服力。STAR（情境—任务—行动—结果）模型是一个有效的面试工具。换句话说，在介绍自己的经历时我们可以从背景入手，介绍自己的工作和角色，然后突出自己当时面临的问题以及自己是如何设定目标和任务的，接下来要清楚地描述为完成这些目标和任务自己做出了哪些实际行动，并最终以强调你所取得的积极成果（比如如期完成任务，并超额完成销售目标等）收尾。这种方法在面试官提问行为问题时最有效，当然这种方法同样适用于回答面试官基于简历或工作偏好等提出的问题。

第五，要确保自己在面试过程中使用的是诚实的印象管理策略，包括介绍自己真实的品质和成就，强调自己真实的价值观、喜好、个性以及与面试官的相似之处。诚实的印象管理策略可能会给面试官留下深刻的印象，并使面试官给求职者较高的评价。但是，值得注意的是，合适的印象管理策略还因文化而异。在北美文化中，自荐是受推崇的，而在另一些文化比如一些亚洲国家的文化中，谦虚和团队精神可能更受欢迎。此外，虽然有些求职者可能会采取欺骗性的印象管理策略，夸大他们的素质，美化他们的成就，但是我们需要知道这种做法不可取。短期来看，欺骗性的印象管理策略可以提高获得工作机会的概率，但是从长期来看则是相当不利的，即使你接受了这样一份不适合你的工作，或者就职于一个不适合你的组织，你也可能会因为难以适应组织和工作而难以把工作做好。

给面试官的五个关键建议

如果你曾经当过面试官，在读本书的过程中，或许你会将自己与索尼娅、大卫、爱丽丝、詹妮弗等面试官对号入座。不管你是经验丰富的面试官、人力资源经理、小企业主还是主持招聘工作的负责人，我们在前几章提到的面试情况对你来说可能都是似曾相识的。下面，我们将面试官的经历总结成五个关键学习点。

第一，如果你现在用的还是一些机场推荐的有关面试技巧的书上能找到的常见问题，那么，我建议你先停止这种做法。“谈谈你自己”“你的优点是什么、缺点是什么”这样的问题是根本不管用的。因为求职者希望得到面试官的青睐，所以他们往往不会向面试官提供有关自身弱点的有用信息。同时，从法律层面来说，在面试过程中你也要避免询问一些有关婚姻状况、怀孕情况等方面的敏感话题。面试官应该将每一次面试过程都当作一次收集求职者相关工作能力等方面的有用信息的关键过程来看待。面试的目标是解答两个关键问题：（1）该求职者是否具备岗位所需要的资格，是否有能力履行工作职责；（2）求职者的价值观、动机和个性特征与组织的价值观和文化是否匹配？如果要招聘工程师、销售助理、护士或会计，则在收集信息评估（1）时，面试官需要提出不同的面试问题，以便了解求职者是否满足岗位在知识、技能和能力方面的特殊要求。

第二，一旦确定了每个工作岗位的特殊要求，面试官就一定要设计一些行为面试问题来对求职者进行评估。在理想情况下，面试官可以通过识别关键事件来识别求职者是否满足这些特殊要求。因为，只有有能力的员工才能非常有效地处理特定的问题并采取适当的行动。你可以问的行为问题有："告诉我什么时候……""想象一下，你正身陷艰难的处境……你会怎么做？"由于面试的时间有限，因此问题的数量也应该是有限的。若面试时间为一个小时，面试官准备 6 ～ 8 个问题是合适的。值得注意的是，在同一次面试中，你可以同时使用行为问题和情境问题，以便帮助你获得求职者的全面信息。同时，你可以在面试过程中给求职者提供必要的提示和指导，并利用STAR方法来挖掘所需要的信息。你可以提示求职者使其可以提供更多关于任务背景的信息，也可以进一步追问求职者某一行为的结果等。

第三，面试官对应聘同一职位的所有求职者应该都采取标准化的面试流程。结构化面试或标准化面试是指面试官要向所有求职者询问相同的问题，并按相同的顺序提出这些问题，要避免基于简历和个人经历提出不一样的特定的问题，并且要确保在面试结束前每一名求职者都回答了所有问题。虽然面试的标准化流程会让面试官感到被束缚，但是这种面试方式有很多优势。首先，结构化面试大大减弱了无意识偏见（比如第一印象、相似效应和刻板印象）对面试评价的影响，因而可以为所有求职者创造一个公平、一致的面试过程。这样的面试过程不会偏袒某些人，也不会损害某些人的利益，从而有助于增强求职者对面试的信心，尤其是面试官在标准化面试过程中使用行为面试问题并做一些简短而明确的解释之后，求职者会认为面试是公平的。

其次，标准化面试还可以充当组织的保护伞，以防止被拒绝的求职者由于受到面试歧视而投诉。

第四，在面试过程中做好记录，使用固定的评分标准对每名求职者的答案进行评估。这种方法可能非常耗时，看起来也很复杂，但是却能够使面试官收集到求职者以往经历的关键事件的信息，面试官基于这些关键事件对求职者的工作能力进行评估将加强面试评价的准确性，加强面试官对求职者工作拟合度和组织拟合度评分的准确性。从理论上来说，进行多轮面试和采用标准化的评分可以减少评分误差，加强评估的可靠性，以便面试官能够更准确地比较不同求职者的能力。同时，使用评估量表还可以帮助面试官避免陷入第一类参与过程，迫使第二类参与过程介入。也就是说，面试官将被迫充分分析和解释从求职者那里获得的信息。这将有效减弱对比效应、相似效应等面试偏见可能带来的负面影响。总之，标准化的评分量表有利于面试官做出更客观的招聘决策。

第五，面试官应该对求职者的印象管理策略保持警惕。求职者采取诚实的印象管理策略将有利于面试官更准确地评估求职者的工作拟合度和组织拟合度，而当求职者采取欺骗性的印象管理策略时，比如夸大自己的素质和成就等，则这些信息可能会妨碍面试官做出明智的决定。不幸的是，即使是最有经验的面试官也很难正确判断出求职者是否诚实。因此，我们并不建议面试官扮演侦探角色。如果面试官对求职者提供的信息的真实性有疑问，并需要评估这些信息的真实性，最好的方法是把注意力集中在求职者的表达内容上，包括求职者叙述的故事中难以理解与前后矛盾的信息。面试官要尽量学会忽略求职者的非语言行为（比如目光游离和肢体动作等），要避免基于非语言行为来对求职者做出评价。同时，面试官也可以使用印象管理策略来影响求职者，提高他们入职的概率，可以适当介绍公司的成就、职位的福利，并且让自己看起来是一名热情、有能力的面试官。

面试是长期投资

看起来，面试是一项艰巨的任务。而事实上，对于公司来说，面试是一项长期投资。随着时间的推移，面试投资将通过两种方式实现盈利。从短期来看，次优录用决策或招聘错误将给组织带来极大的损失，包括更多的培训投资，为了提高生产效率而投入更多的时间，在某些情况下，甚至意味着要重新进行招聘等。

从长期来看，面试官为面试所准备的资料和信息都是可以重复利用的。比如，特定的行为面试问题以及相关的评分量表等。虽然某些能力是特定工作所需要的，但是拥有多种能力是不同工作所共同需要的。对于销售助理、客户服务代表、部门经理、教师和物理研究者而言，沟通能力都是一种必不可少的能力。虽然每个人的沟通类型和沟通风格可能会有所不同，但是一个人是否具备沟通能力这一本质特征是相似的，因此，面试官在对应聘不同岗位的求职者的沟通能力做评估时，只需要对面试问题和评分标准稍做调整即可。因此，对面试资料的准备和开发应该被当作面试工作的重要一环来对待，组织应该集人力资源部等相关部门的力量来共同完成，尽可能收集和准备更完善的面试资料信息，并将其用于将来的面试。一旦这项工作变得系统化，组织将可以建立面试问题和评分量表数据库，并根据情况不断更新这一数据库。当数据库变得足够大时，负责面试的经理或主管便可以从数据库列表中轻易地选择和列举某项工作所需的技能，并自动获得相关的问题以便更充分地准备他们的意见。一些大型组织如谷歌，已经开发了这样的数据库，面试官可以直接将问题和量表下载到自己的电脑中，并将其带到面试现场。这不仅将节省面试官的时间和组织的面试成本，还能确保整个组织的面试过程更加有效、可靠和公平。

面试的发展趋势

正像许多社会和商业活动一样，对人才进行招聘选择的过程在过去几年中已经发生了变化，并且将来可能会产生更多变化。将来，无论是索尼娅、大卫、爱丽丝、路易斯还是詹妮弗，在主持面试的过程中他们都需要学会引入新技术，并需要考虑如何适应日益全球化的时代背景。

机器的崛起：面试技术

在招聘过程中引入新技术的案例已经屡见不鲜。比如，一些组织和研究人员正在开发一种网络筛查技术，这种技术基于计算机算法能自动化地审查求职者的简历和资格。许多机构组织的考试甚至也采用了在线的非监考技术，不再使用纸质试卷和铅笔，这使考生在家里用电脑或智能手机就能完成考试。有些公司开发了一些基于视频的情境测试，求职者需要观看某段同事、下属或客户模拟工作的视频片段后做出决定。还有一些公司开始关注游戏化的招聘流程，他们通过引入计算机游戏或智能手机应用程序，让求职者在玩游戏的过程中展示某些素质，从而帮助组织收集有关其工作能力的信息。

那么，组织是否可以引入某种技术来改进面试效果呢？通常来说，面试是一种技术含量很低的人才选拔方法，主要依靠一个或几个人的判断来对求职者做出选择。尽管到目前为止，大多数面试都没有采用任何技术手段，但是一些组织使用的电话面试或视频会议面试也可以被视为新型面试技术的一部分。视频面试适用于面试官和求职者在不同的国家或城市的情况，这种面试方式的不足之处在于网络连接的不稳定性是一个大问题。到目前为止，关于视频面试效果的实证研究还比较匮乏。一些工业心理学研究学者发现，与面对面面试相比，求职者在视频面试过程中获得负面评价的概率更高，造成这种差异的原因有很多。首先，与面对面面试相比，面试官通过视频面试获得求职者的信息的机会更少，这可能导致面试官降低对求职者的评价。其次，技术问题、网络延迟问题以及视频质量问题都可能导致求职者更加焦虑，这会妨碍他们正常发挥，结果便是面试官将收集到更多的消极反应信息。虽然，视频面试可能会降低面试官对求职者的评价，但是到目前为止，没有更多研究能够证明视频面试与面对面面试中，哪种方法更有效或更无效，更可靠或更不可靠。因为我们仍然无法知道视频面试的选拔结果是否能够预测求职者未来的工作表现。

最近，一些组织开始广泛使用视频录制面试。与简单的视频面试不同，视频录制面试不需要面试官或经理与求职者进行实时、同步的互动。这个过程非常简单：如果马克和瑞秋通过了最初的面试并进入视频面试阶段，他们只需要一台电脑或一部有摄像头并能联网的手机，然后注册、登录组织指定的安全在线平台，阅读和回答已经预先设定的题目并将其提交保存，事后由招聘经理或面试官进行审查。

由于这是一项全新的技术，因此目前还没有任何实证研究能验证这种方法的有效性。但是，我们还是可以看到，这种方法有其优点和缺点。从积极的方面来说，视频录制面试仍然是基于标准化面试的，比如针对所有求职者以同样的顺序问同样的问题，从而限制面试偏见的产生。同时，视频录制面试还为求职者和面试官带来了更多的灵活性，比如求职者可以随时随地记录答案，而面试官可以随时观看视频等。最重要的是，这类录制的视频并不是录用决策的依据，而仅仅是筛选依据，最后的录用决策还需要面试官基于面对面面试做出。因此，这类面试方式特别适合校园招聘以及申请量非常大的岗位招聘。从实践的角度来说，视频录制面试可以节省面试时间。比如，假定马克、瑞秋和其他 6 名求职者被要求回答 8 个问题，而最终能够获得现场面试机会的只有 2 个人。那么，如果每名求职者的面试时间是 30 ～ 45 分钟，则总共需要用 4 ～ 6 小时。在这种情况下，如果有 4 名求职者对前半部分的回答很不理想，那么面试官可能不会继续观看后半部分的视频，这样便可以为面试官节省 1 ～ 1.5 小时。同时，如果某些求职者表现得特别优秀，那么，面试官可以反复观看这些人的视频以便更准确地整理相关信息。目前，有许多公司提供这种技术和服务，比如 Montage、Spark Hire、Hirevue 等，因此，组织并不需要投入人力、物力和财力来开发这种技术。最后，从求职者角度来说，视频录制面试也有其积极意义。比如，与面对面面试相比，在进行视频录制面试时求职者面临的压力可能会更小，这一点对那些容易焦虑的求职者（比如马克）是有帮助的。

但是，视频录制面试仍然存在许多不确定性，目前也没有数据证明这种方法的有效性和可靠性。心理学研究人员还没有确定视频录制面试是否和面对面面试一样有效。同时，类似于视频面试，视频录制面试可能导致面试官降低对求职者的评价。而目前也没有数据能够证明求职者和面试官对视频录制面试的反应。尽管求职者对在线面试的灵活性感到满意，但是也不排除他们也许更愿意与心仪组织的招聘代表进行面对面交流。在线面试过程中，求职者看不到面试官的反应，也没有机会澄清为什么做出这样的选择和回答，因此他们可能会感到挫败。从组织管理者的角度来说，由于不是面对面互动，他们可能错过与优秀的求职者深入交流的机会，他们甚至可能会偷懒，不去看完整的视频内容，而是挑着看一些评论和回复，或是边做别的事情边看录制的视频，这些情况都可能对面试评估的质量产生负面影响。

视频录制面试只是将技术引入面试过程的一个简单尝试。现在，还有些机构开始研究算法，即允许电脑对求职者的答案包括非语言行为进行编码和分析，为录用决策提供参考。我们大概可以想象一下未来世界的面试官变成机器人的情景。只不过，目前我们还需要心理学研究者和程序员一起来判断这种自动评估的准确性和可靠性。由于不是每名求职者都喜欢这样新型的面试方式，因此组织采取全自动面试的日子暂时还不会到来。当然，组织还可以尝试使用其他的一些补充方法，比如利用虚拟现实技术来模拟求职者的面试体验，而不是简单地让他们对摄像头做出反应。只是，将视频面试和虚拟现实环境相结合的可行性还取决于许多因素，包括这种技术的普及程度、求职者的接受程度等。

全球化背景下的面试

如今世界全球化的发展趋势日益增强，这种趋势在未来将持续发展下去。现在，人们对移居到另一个地方，或者到另一个地方完成学业、寻找工作都持有比以往更加开放的态度。因此，许多地区尤其是

大城市的求职者开始变得多样化。比如，伦敦地区有超过40%的居民不是本地人，而纽约这一比例则超过55%，在加拿大、多伦多和温哥华等大都市，少数族裔的比例达到45%。这就意味着这些地区存在不同种族、文化背景的面试官和求职者。

在这种情况下，面试官和求职者对面试的形式可能有不同的期望。比如，东亚地区的人崇尚团结精神和集体文化，他们更乐于谈论自己的家庭和爱好，而西欧和北美地区的人则崇尚个人主义和成就导向型文化，因此，后者对标准化面试的反应可能更积极。面试官或组织是否需要考虑上述因素，根据求职者的背景情况调整面试方式，提出不同的问题呢？答案可能是“不需要”。首先，因为地方立法仍然适用。其次，也是更重要的一点，这将导致不公平，阻碍面试官对求职者进行准确的比较。虽然如此，组织和面试官还是需要关注上述因素，有意识地思考向求职者提供信息和进行指导的必要性，以便帮助求职者管理面试期望，并让他们理解组织依赖特定的面试方法的必要性。如果面试官是本地人，而求职者属于少数群体，那么面试官产生少数群体歧视的风险就有可能增加。此时，标准化的面试和系统化的方法可以确保所有求职者有同等的机会。同时，组织还应该有意识地投资多元化项目，为面试官提供培训，训练他们尽量减少面试过程中的无意识偏见，让他们意识到多元化队伍对组织的价值所在。

小结

本书整理了过去几十年心理学和管理学领域与面试有关的观点和证据。我们虽然试图突出面试心理学这一领域的研究重点，但是显然是不够全面的。因此，对特定主题感兴趣的读者，可以继续对相关问题进行深入思考和博览。我们正在致力于推进更多相关的研究，以期待优化我们对面试心理学的认识。从求职者和面试官的角度来看，如何优化面试效果，如何让面试变得更可信，更能预测求职者未来的工作表现，如何避免面试歧视等问题，都是未来很长一段很长时间内，我们需要关注的重点问题。本书仅起到抛砖引玉的作用，希望能够激发读者对面试心理学的热情，并产生兴趣去探索对面试心理学领域的知识和实践过程中的宝藏，推动面试实践百尺竿头，更进一步。

版权声明